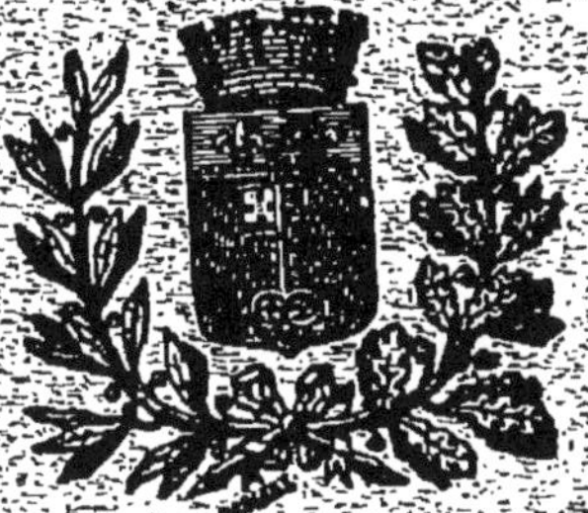

Exposition Nationale d'Angers

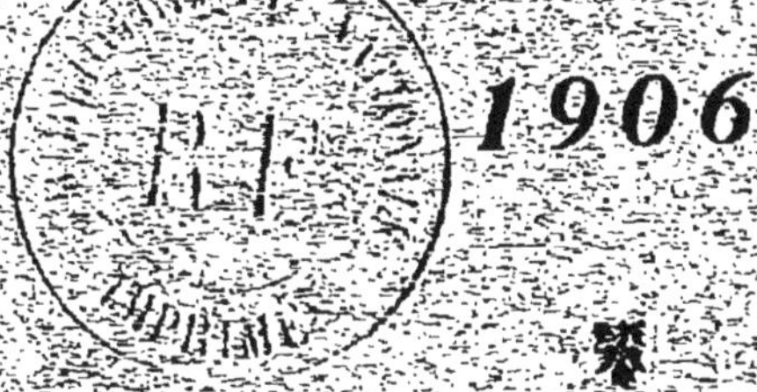

1906

Catalogue Général

OFFICIEL

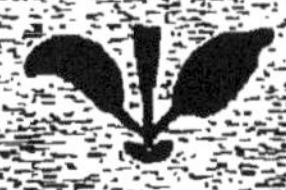

RÉPUBLIQUE FRANÇAISE

VILLE 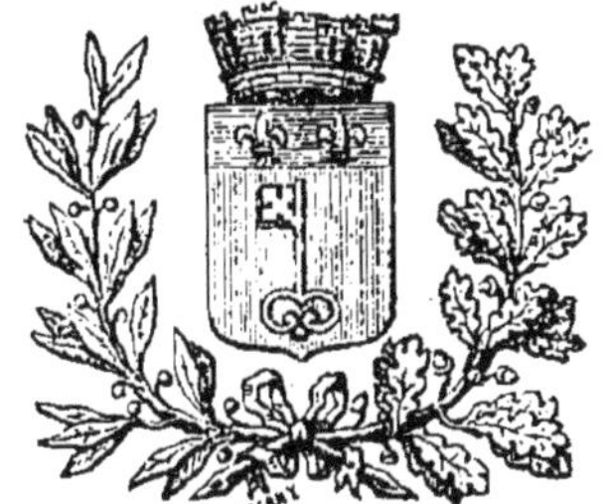 *D'ANGERS*

EXPOSITION NATIONALE

MAI - SEPTEMBRE 1906

**Sous le haut patronage de
MM. les Ministres du Commerce, de l'Industrie et du Travail
de l'Agriculture, des Colonies
de l'Instruction Publique et des Beaux-Arts
de la Municipalité et de la Chambre de Commerce**

Industrie, Agriculture, Sciences, Beaux-Arts

CATALOGUE GÉNÉRAL OFFICIEL

ANGERS
GERMAIN & G. GRASSIN, IMPRIMEURS-ÉDITEURS
40, rue du Cornet et rue Saint-Laud

1906

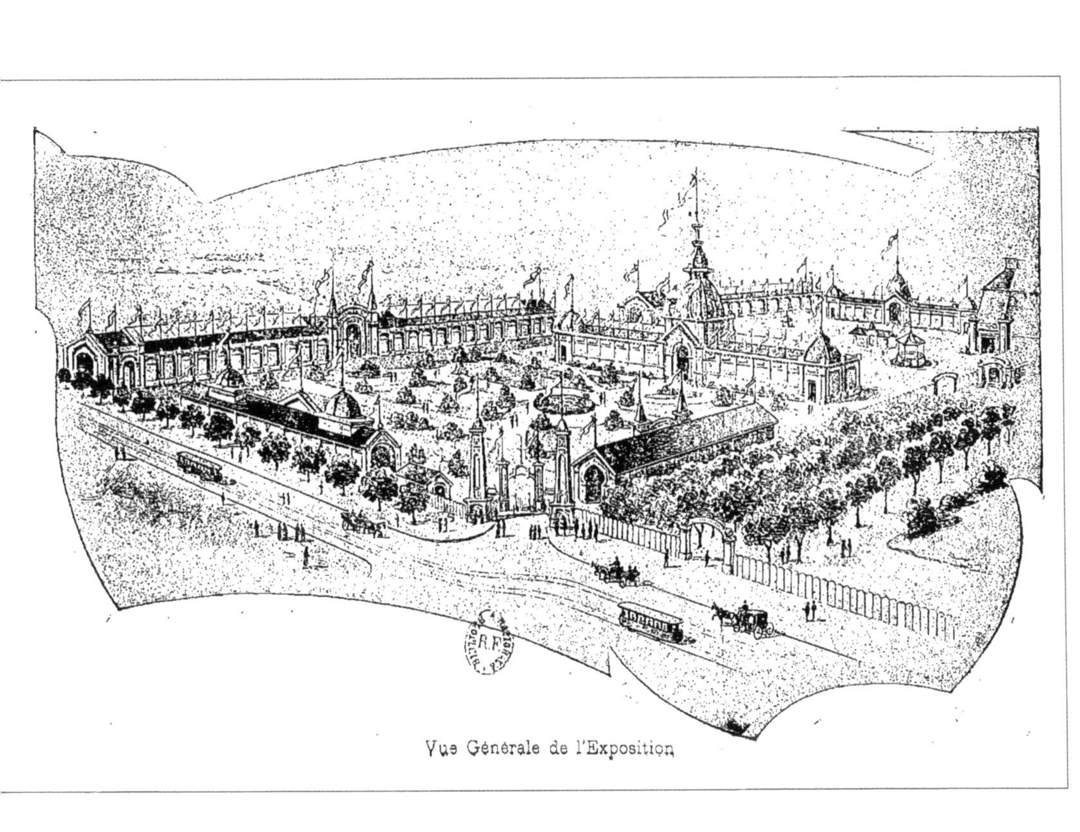

Vue Générale de l'Exposition

Comité d'Honneur

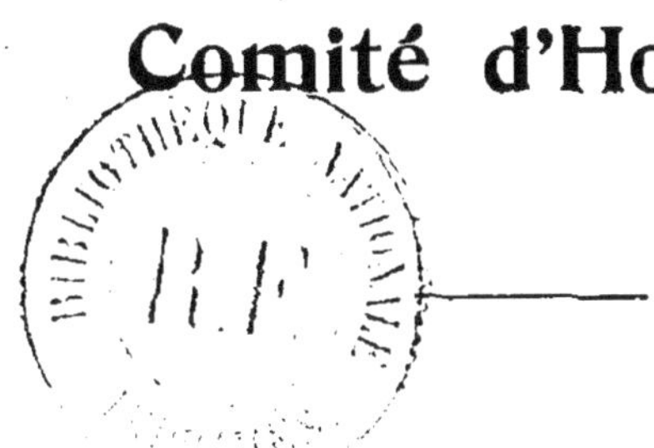

MM.

Bascou, ✻, ✿, A, Préfet de Maine-et-Loire.
Joxé, ✻, Ancien député, Maire d'Angers.
Bodinier, Sénateur de Maine-et-Loire, Président de la Société nationale d'Agriculture, Sciences et Arts d'Angers, Président du Comice Agricole du Canton Sud-Est d'Angers.
Delahaye, Sénateur de Maine-et-Loire.
Merlet, ✻, Sénateur de Maine-et-Loire.
Dr Henri Ricard, C. ✤, Sénateur de la Côte-d'Or, Président de l'Association de l'Ordre du Mérite agricole.
Gauvin, Député de Maine-et-Loire.
Ferd. Bougère, Député de Maine-et-Loire.
Laurent Bougère, Député de Maine-et-Loire, Conseiller général.
Gioux, Député de Maine-et-Loire.
Louis de Maillé, *Duc de Plaisance,* Député de Maine-et-Loire, Conseiller général, Maire de la Jumellière.
Comte de la Bourdonnaye, Député de Maine-et-Loire, Vice-Président du Conseil général, Président du Comice agricole de Champtoceaux.
De Grandmaison, Député de Maine-et-Loire, Conseiller général, Maire de Montreuil-Bellay.
Camille Guy, O. ✻, Gouverneur du Sénégal.
Carpot, Député du Sénégal.
Thibierge, ✻, ✿, I., Premier Président de la Cour d'appel.
Bizot, O, ✻, Général Commandant la 18e division, Angers.
René Bazin, ✻, Membre de l'Académie Française.
Grignon, Président du Conseil général, Maire de Louerre.
Laronze, ✿, I., Recteur de l'Académie de Rennes.
Cazenavette, ✻, ✿. I., Procureur général.

MM.

Jousseaume, ✪, A., Président du Tribunal de première instance.

Prieur, ✻, Ancien Président du Tribunal de Commerce.

Cormeray, Président du Tribunal de Commerce.

A. Bazin, Président de la Chambre de Commerce d'Angers.

Édouard André, O. ✻, Membre de l'Institut.

Fontanès, ✪. I., ✪, O., ✠✠, Secrétaire Général de Maine-et-Loire.

Schuller, Procureur de la République.

Dauban. ✻, Inspecteur général de l'Enseignement du Dessin.

Cordelet. ✪, I. ✪., Sous-Préfet de Saumur.

Fruit. ✪. I., Sous-Préfet de Segré.

Lamy-Boisrozier, ✪. A, Sous-Préfet de Baugé.

Béchade. ✪. I., Sous-Préfet de Cholet.

Voisine, Maire de Saumur.

Marie Baudry. ✻, ✪, A., Maire de Cholet.

C. Brion, ✪. A. Maire de Baugé.

H. Gatine, Maire de Segré.

Eug. Proust, ✪. I., Adjoint au Maire d'Angers.

A. Baron, ✪. A., ✪. Adjoint au Maire d'Angers.

Lépicier, ✪, A., Adjoint au Maire d'Angers.

Robert, ✪, I., Inspecteur d'Académie.

Bessonneau, C., ✻, ✪. I., Industriel, Consul de Belgique, Maire de Saint-Clément-de-la-Place.

Cointreau. ✻. ✪, A. Vice-Consul d'Italie, Conseiller du Commerce extérieur de la France.

Léon Lafarge. ✪ A., Industriel, Conseiller du Commerce extérieur de la France.

P. Girard, ✻. Industriel, Vice-Consul d'Espagne.

Ponsolle, ✪. A., Industriel, Vice-Consul des États-Unis d'Amérique, Président de l'Association des anciens élèves de l'École Chevrollier.

Girard, Président de la Chambre de Commerce de Saumur.

E. Bonnet-Allion, Président de la Chambre de Commerce de Cholet.

Bideau, Vice-Président de la Chambre de Commerce d'Angers.

Frémy, Président du Comice agricole et viticole de Maine-et-Loire, Industriel, Conseiller général de Maine-et-Loire, Maire de Chalonnes.

Larivière, ✻, Gérant de la Commission des Ardoisières.

Dainville, ✻, Directeur honoraire de l'École Régionale des Beaux-Arts, ancien Commissaire général de l'Exposition Nationale d'Angers 1895.

Dr Legludic, ✻, ✪, I., Directeur de l'École de Médecine et de Pharmacie d'Angers.

MM.

Richard, ✻, O. ✿, Directeur de l'École nationale des Arts et Métiers.

Frappier, Trésorier général de Maine-et-Loire.

Le Cornec, ✻, Ingénieur en chef des Ponts-et-Chaussées.

Robiou du Pont, ✻, Directeur des Contributions indirectes.

Héliot, Directeur des Contributions directes.

Gonelle, Directeur de l'Enregistrement, des Domaines et du Timbre.

Cousté, ✿, Directeur des Haras.

Vallée, ✿, A., Agent-Voyer en chef du département.

Quioc, Directeur des Postes et Télégraphes.

Morain, O., ✿, Professeur départemental d'Agriculture.

Bécret, Inspecteur départemental du travail.

Guénot, ✻, Ingénieur en chef des Travaux de la Loire Navigable.

Quinchez, ✻, Directeur de la Banque de France.

Bruas, C., ✠, Président du Conseil d'Administration de la Caisse d'Épargne

Aïvas, I., Architecte de la Ville, Directeur de l'École Régionale des Beaux-Arts.

Dussauze, ✿, I., Architecte départemental, Conservateur du Musée Turpin de Crissé.

Brunclair, ✿, A., Conservateur du Musée de Peinture et de Sculpture.

Joubin, ✿, I., Bibliothécaire en chef de la Ville.

Michel, ✿, I. Conservateur du Musée d'Archéologie.

Bouvet, ✿, I., Conservateur du Musée d'histoire naturelle et de l'herbier Lloyd, Directeur du Jardin des Plantes.

Préaubert, ✿, I., Directeur des Cours municipaux.

Mangeon, ✿, A., Directeur de l'École municipale de musique.

Le Roux, Ingénieur des Ponts-et-Chaussées.

Philippe, Ingénieur des Ponts-et-Chaussées.

Commandant Goujon, ✿, A., Président de la Fédération départementale des Sapeurs-Pompiers.

L.-A. Leroy, ✻, Président de la Société d'Horticulture.

Gilles Deperrières, ✿, A. ✿, O., Président de la Société des Amis des Arts, Président du Comice Agricole de Saint-Georges sur-Loire.

De la Ferrandière, Président du Syndicat agricole de l'Anjou.

G. Rayer, Président du Syndicat des Négociants en vins et spiritueux.

Dr Motais, ✿, I., Président du Syndicat d'initiative de l'Anjou.

Velé, Président de la Société des Architectes de l'Anjou.

MM.

Bigeard, Directeur de la Compagnie du Gaz, Président du Comice Agricole du Canton Nord-Ouest d'Angers.

Comte R. de Terves, O. ✻, Conseiller général, Président de la Société des Courses et de la Société hippique de Maine-et-Loire.

Bally. ✿, I., Président de la Fédération Colombophile et de la Société de Gymnastique.

Ed. Mercier, ✿, Président de la Société Colombophile.

Descottes. ✿, I Président de l'Association des Sociétés de tir et gymnastique de l'Ouest.

Bernier, ✿, A., Président du Comité des Fêtes.

Paul Bouvet, ✿, A., Président de l'Union Nautique.

De Farcy, Président de l'Auto-Véloce-Club et de l'Union Voile et Vapeur.

Baudrier-Letourneau, ✿, Président du Moto-Vélo-Doutre Angevin.

Triquier, ✿, A., Président de l'Union générale.

Picot, ✿, Président de l'Union Mutualiste

Justeau, Président de l'Association des Voyageurs de Commerce.

Roche, ✿, A., Directeur de la Cie des Tramways.

Duplan, Directeur de la Cie d'Électricité.

Philouze, Rédacteur en chef du *Maine-et-Loire.*

Jaham-Desrivaux ✿, A., Rédacteur en chef du *Patriote de l'Ouest.*

Cardi, ✿, I, Directeur du *Petit Courrier.*

Jolivet, Directeur de la *Chronique Angevine.*

Vétault, Rédacteur en chef de l'*Angevin de Paris.*

Baillif, O., ✻, ✿, C. ✠, C. ✠, Président du Touring-Club.

Dr P. Brouardel, G. O. ✻, Membre de l'Institut.

Tony Robert-Fleury, O. ✻, Président de la Société des Artistes français.

Roll, O. ✻, Président de la Société Nationale des Beaux-Arts.

Édouard Bisson, ✿, I, Commissaire général de la Société des Artistes français.

Le Bègue de Germiny, O, ✠, ✠, Maire de Gorée, Vice-Président du Conseil Général.

Patterson, ✿, A., ✠, Premier Adjoint au Maire de Dakar.

L. Angrand, ✠, Adjoint au Maire de Gorée, Conseiller général, Vice-Président de la Chambre de Commerce du Sénégal.

Ch. Coulon, ✠, ✠, ✠, Négociant importateur; Juge au Tribunal de Commerce du Havre, Membre du Jury à l'Exposition Universelle de Paris 1900.

Ducreux, ✿, Directeur de la Maison Picon et Cie de Bordeaux.

MM.

D'Iriart-d'Etchepare, Député, Président de l'Union Vélocipédique de France.

Migeon, ✻, ❦, I, ✠, ✠, ✠, ✠, Géographe, Trésorier du Syndicat de la Presse coloniale, Vice-Consul du Paraguay.

Requier, ✻, ❦, I, ✠, ✠, ✠, Conseiller général, Vice-Président de la Chambre de Commerce de Périgueux, Conseiller du Commerce extérieur de la France.

G. Rives, O, ✻, ❦, I., ✠, C. ✠, ✠, ✠, Membre du Conseil d'Administration de l'Automobile-Club de France, Commissaire général de l'Exposition de l'Automobile, du Cycle et des Sports.

Simon frères, ✻, O. ✠, Ingénieurs-Constructeurs, Cherbourg.

Règlement Général

Article Premier. — Une Exposition Nationale, placée sous le haut patronage de MM. les Ministres du Commerce et de l'Industrie, de l'Agriculture, des Colonies, de l'Instruction publique et des Beaux-Arts, de la Municipalité et de la Chambre de Commerce, aura lieu à Angers du 6 mai au 9 septembre 1906. Elle pourra être prorogée et occupera le Champ-de-Mars et partie du Mail.

Art. 2. — Des fêtes auront lieu dans l'enceinte de l'Exposition, en vue d'en rehausser l'éclat et d'accroître le nombre des visiteurs. Divers Congrès, Expositions spéciales ou Concours temporaires pourront être organisés et des règlements spéciaux en feront connaître les dispositions particulières. Pour certaines parties, l'Exposition pourra être internationale.

Art. 3. — Sont admis : tous les produits de l'Industrie, de l'Agriculture, des Sciences et des Beaux-Arts. Les exposants sont divisés en deux catégories : 1° les fabricants ou producteurs ; 2° les industriels exposant des produits non fabriqués par eux.

Art. 4. — Tout produit exposé est engagé pour la durée de l'Exposition et ne pourra être retiré qu'avec une autorisation de l'Administration de l'Exposition ; exception est faite pour les automobiles, les cycles et les instruments agricoles.

Le droit de vente et d'enlèvement des produits fabriqués sur place fera l'objet d'une règlementation spéciale et de redevances à déterminer.

Art. 5. — Aucun produit exposé ne peut être dessiné, copié ou reproduit sous une forme quelconque sans une autorisation écrite de l'exposant. L'Administration se réserve, toutefois, le droit d'autoriser la reproduction des vues d'ensemble.

La publicité par voie d'affiches, prospectus, etc., ne pourra être faite dans l'Exposition sans *autorisation préalable* ; toutefois, l'exposant est autorisé à faire de la publicité au moyen de circulaires, cartes, etc., à l'emplacement qu'il occupe.

Art. 6. — Les mesures nécessaires seront prises pour préserver les objets exposés de toute avarie et une surveillance active sera exercée ; mais l'Administration ne sera, en aucun cas, responsable des incendies, accidents, vols, pertes ou dommages, quelle qu'en soit la cause ou l'importance ; elle fera assurer contre les risques d'incendie *les bâtiments de l'Exposition* ; les exposants devront assurer eux-mêmes leurs produits.

Art. 7. — Sont exclues de l'Exposition toutes les matières détonantes, fulminantes ou jugées dangereuses et de nature à incommoder le public ; ne seront reçus que dans des vases solides et de dimensions restreintes les esprits ou alcools, les huiles, essences ou matières corrosives.

Art. 8. — Les produits à exposer devront être adressés franco de tous frais au siège de l'Exposition, avec la mention : *Exposition d'Angers* ; chaque colis devra porter le nom et l'adresse de l'exposant, ainsi que son numéro d'admission. Les Compagnies de chemins de fer français accordant une réduction de 50 % *sur le transport des produits* destinés à l'Exposition, les exposants désireux de profiter de cette réduction devront se conformer auxdits tarifs. La réexpédition des produits devra avoir lieu dans le délai maximum de 15 jours après la clôture de l'Exposition.

ART. 9. — Les produits susceptibles de s'avarier ou ne se conservant pas pourront être exposés à l'état factice ou d'imitation ; ceux destinés au Jury devront être expédiés à la date qui sera fixée par l'Administration.

ART. 10. — L'Exposition sera constituée en entrepôt ; en conséquence, les produits de l'étranger pourront être réexpédiés à leur lieu d'origine et la sortie de France devra être faite dans le mois qui suivra la clôture de l'Exposition.

ART. 11. — L'Administration prend à sa charge les frais d'installation des galeries et de l'ensemble de l'Exposition, laissant aux exposants le soin et les frais de leurs tables, gradins, vitrines et installations particulières. Elle se réserve le droit de rejeter ou de modifier, aux frais des exposants, toute installation particulière qui ne lui paraîtrait pas compatible avec les convenances générales de l'Exposition. Les exposants qui désireront avoir des gradins ou vitrines en location pourront en faire la demande aux concessionnaires agréés par l'Administration.

ART. 12. — En compensation des frais qui lui incombent, l'Administration prélèvera sur chaque exposant, pour l'admission de ses produits à l'Exposition, une rétribution établie dans les conditions suivantes :

Un droit fixe de 20 francs pour inscription de la demande et en échange du certificat d'admission ; un droit proportionnel par mètre carré de surface, applicable à tous les exposants et fixé ainsi qu'il suit :

Dans les bâtiments de l'Exposition :

a) Surface horizontale, le mètre carré, donnant droit à 3 mètres de hauteur....................Fr. 40 »

b) Surface horizontale pour machines, instruments agricoles et automobiles, le mètre carré..........Fr. 25 »

c) Surface murale ne dépassant pas 15 centimètres de saillie, le mètre carré.........................Fr. 25 »

Emplacements à l'air libre :

d) Avec faculté de construire, le mètre carré..Fr. 10 »
e) Sans faculté d'élever des constructions, le mètre carré ....Fr. 5 »

Au-dessus d'un mètre carré, les emplacements ne sont fractionnés que par demi-mètre.

Des réductions seront faites sur les locations dans les proportions suivantes : de 10 *à* 25 *mètres,* 5 % ; *de* 26 *à* 50 *mètres carrés,* 10 % ; *de* 51 *à* 100 *mètres carrés,* 15 % ; *au-dessus de* 100 *mètres,* 20 %.

Les exposants qui désireront des emplacements isolés ou à plusieurs faces devront le mentionner sur la demande d'admission ; chaque face supplémentaire sera comptée en sus au mètre linéaire.

Un tarif spécial sera appliqué aux concessionnaires de théâtres, spectacles divers et aux industries ou commerces quelconques. Les exposants ou concessionnaires qui exécuteront des travaux de terrassement quelconques devront remettre le terrain en état à la clôture de l'Exposition.

Art. 13. — Le recouvrement des taxes, dont le montant devra être réglé avant l'occupation de l'emplacement, sera fait par l'Administration qui, à défaut de paiement, se réserve exclusivement le droit de prendre toutes mesures qu'elle jugera utiles à la défense de ses intérêts, sans aucune formalité judiciaire.

L'emplacement sera dû par l'exposant lors même que, pour une cause quelconque, il ne l'occuperait pas.

Aucun exposant ne pourra céder tout ou partie de l'emplacement qui lui aura été alloué, ou permettre l'exposition d'autres objets que les siens, sans autorisation écrite de l'Administration.

Art. 14. — L'emplacement sera gratuit dans la section des Beaux-Arts : peinture, aquarelle, gravure et sculpture (règlement spécial des Beaux-Arts) ; il sera également gratuit pour les Administrations publiques, les écoles primaires et professionnelles, les ouvriers et les horticulteurs. Néanmoins, les frais de déballage, réemballage et autres seront à la charge des exposants.

Art. 15. — L'eau, le gaz, l'électricité ou la force motrice nécessaire aux exposants leur seront fournis sur leur demande et à leurs frais. Ils devront donner toutes les indications utiles à cet effet sur leur demande d'admission.

Art. 16. — Le Jury d'examen sera désigné moitié par M. le Préfet et moitié par la Commission municipale de l'Exposition ; il sera composé des représentants les plus autorisés de l'Industrie, de l'Agriculture, des Sciences et des Arts. Le Jury s'entourera de toutes les garanties qu'il jugera nécessaires à l'accomplissement de sa tâche. Il aura toujours le droit d'exclure du concours tout exposant qui aura tenté de surprendre sa bonne foi.

Art. 17. — Les récompenses à décerner par le Jury consisteront en diplômes de grand-prix, diplômes d'honneur, de médailles d'or, de vermeil, d'argent, de bronze, diplômes de mentions honorables. Des prix spéciaux offerts par le Gouvernement et les Corps constitués seront mis à la disposition du Jury pour être décernés aux exposants les plus méritants.

Art. 18. — Le Jury appréciera la part que les ouvriers ou employés pourront avoir dans les progrès constatés ; ils seront compris, s'il y a lieu, et sur la demande des exposants, sur la liste des récompenses.

Art. 19. — La distribution des récompenses aura lieu, autant que possible, avant la clôture de l'Exposition. Le plus grand éclat sera donné à cette solennité et la plus grande publicité au programme des récompenses. Le palmarès sera publié *in extenso* dans les journaux d'Angers.

Art. 20. — A la clôture de l'Exposition, l'exposant ou son représentant devra faire enlever les produits exposés dans un délai de quinze jours, faute de quoi ses produits seront déposés en magasin, à ses frais, risques et périls et sans aucune responsabilité de la part de l'Administration.

Art. 21. — L'Administration éditera un catalogue officiel contenant la description complète de tous les produits exposés, ainsi que les noms des exposants.

Art. 22. — Une carte d'entrée permanente sera délivrée à chaque exposant ou à son représentant. Cette carte sera rigoureusement personnelle.

Art. 23. — Les règlements relatifs au maintien de l'ordre, à la surveillance et à la bonne marche de l'Exposition en général, seront toujours publiés par voie d'affiche dans l'enceinte de l'Exposition ; dès ce moment, les intéressés auront à s'y conformer.

Art. 24. — La signature du bulletin de demande d'admission entraîne pour l'exposant l'obligation de se conformer au présent règlement, ainsi qu'à toutes les mesures d'ordre qui pourraient être prises ultérieurement.

Fait à Angers, le 28 juillet 1905.

Le Maire d'Angers,
JOXÉ (✻)
Ancien Député

Le Président de la Commission Municipale,
Eug. PROUST (✻ I).
Adjoint au Maire

Le Commissaire Général,
J.-Alf. VIGÉ (✻, ✻, O., ✠, ✠)

CLASSIFICATION GÉNÉRALE

GROUPE I

Éducation et Enseignement

Éducation de l'enfant. — Enseignement primaire. — Enseignement des adultes. — Enseignement secondaire et supérieur. — Institutions scientifiques. — Enseignement spécial artistique. — Enseignement spécial agricole, industriel et commercial.

GROUPE II

Œuvres d'art

Peintures. — Dessins. — Gravure et lithographie. — Sculptures. — Gravure en médailles et sur pierres fines, marbre, bronze, ivoire, métal, etc.

GROUPE III

Instruments et procédés généraux des Lettres des Sciences et des Arts

Typographie. — Impressions diverses. — Machines à imprimer. — Machines à écrire. — Photographie. — Matières premières. — Instruments de musique. — Matériel de l'art théâtral. — Librairie; éditions musicales. — Reliure (Matériel et produits). — Journaux. — Affiches. — Lithographie. — Instruments de précision, optique. — Médecine et chirurgie. — Instruments et appareils de chirurgie. — Pièces d'anatomie. — Prothèse dentaire. — Orthopédie.

Groupe IV

Matériel et procédés généraux de la mécanique

Machines à vapeur. — Générateurs. — Gazogènes. — Foyers. — Robinetterie et accessoires. — Machines motrices diverses, moteurs à gaz et à pétrole. — Appareils divers de la mécanique générale. — Machines-outils, courroies, etc.

Groupe V

Électricité

Production et utilisation mécanique de l'électricité. — Piles et accumulateurs. — Electrochimie. — Eclairage électrique. — Télégraphie et téléphonie. — Applications diverses de l'électricité.

Groupe VI

Génie civil et maritime, Moyens de transport

A. — Génie civil, moyens de transports. — Matériel, procédés du génie civil et outillage, matériaux de construction, tuiles, briques, ciments, plâtres, roches, pierres, ardoises. — Modèles, plans et dessins de travaux publics. — Architecture. — Carrosserie et charronnage. — Sellerie et bourellerie. — Automobiles et cycles. — Matériel des chemins de fer et tramways. — Aérostation.

B. — Génie maritime. — Dessins et modèles de cales, bassins de radoub, docks, etc. — Types de constructions. — Machines marines mues par la vapeur ou l'électricité. — Matériel et objets d'armement et gréement. — Navigation de commerce ; armements, pavillons et signaux ; types et dessinsde bâtiments ; canots, yachts, et embarcations diverses. — Matériel des fêtes et régates. — Equipement et matériel de sauvetage. — Canots automobiles.

Groupe VII

Agriculture

Matériel et procédés d'exploitations rurales. — Engrais. — Matériel et instruments agricoles. — Agriculture. — Viticulture. — Produits agricoles alimentaires, céréales, graines, tubercules, racines ; plantes saccharifères, oléagineuses et fourragères. — Lait, beurre, fromage et œufs. — Produits agricoles non alimentaires. — Plantes

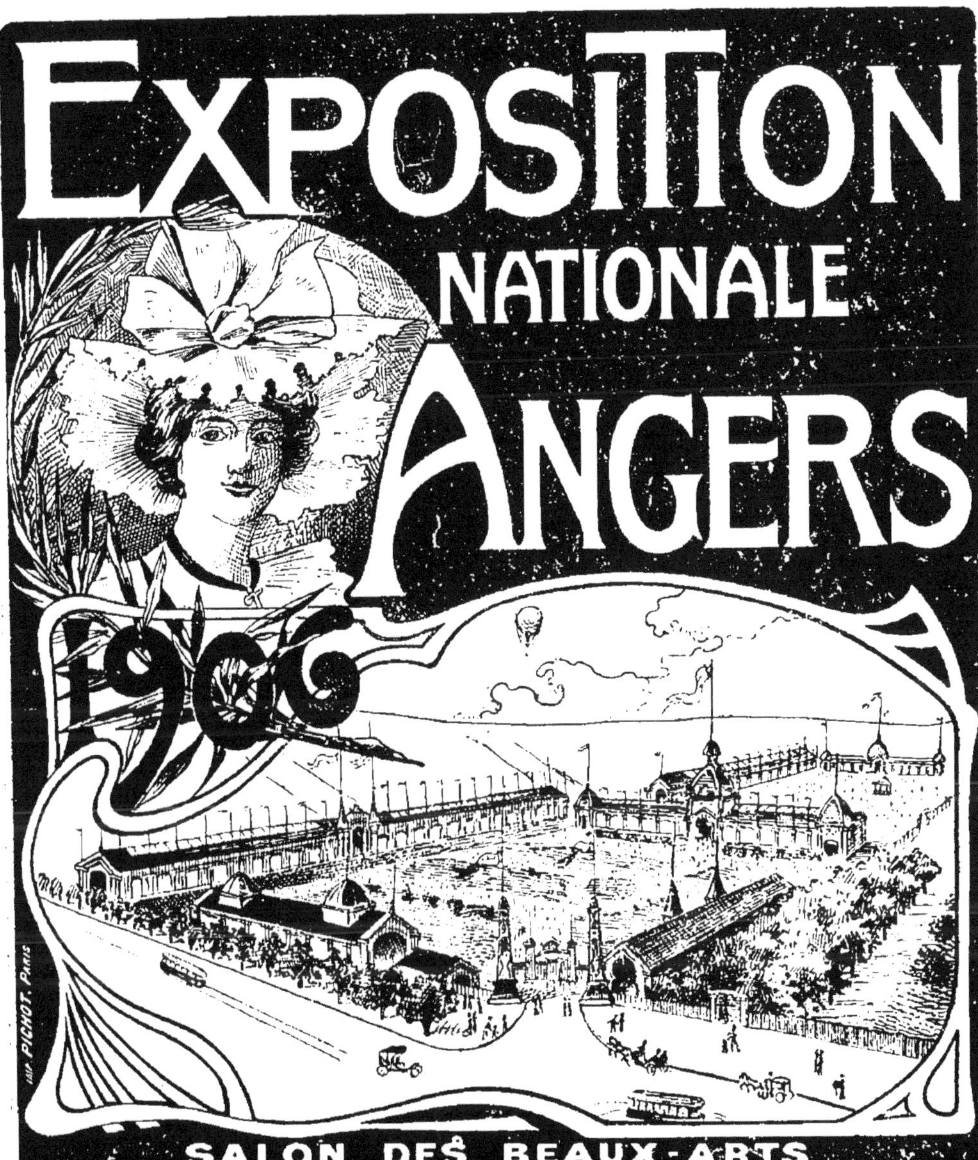

SALON DES BEAUX-ARTS
FÊTE DES FLEURS · CONCOURS HIPPIQUE
CASINO-THÉATRE · VILLAGE SÉNÉGALAIS, SOUDAN, CONGO
FÊTES AÉROSTATIQUES, SPORTIVES ET DE GYMNASTIQUE
GRAND FESTIVAL PERMANENT DE MUSIQUE ET D'ORPHÉONS
CONCOURS DE PYROTECHNIE · AMERICAN TOBOGGAN

textiles, tabacs, houblons, laines brutes, crins, duvets, etc. — Insectes utiles et leurs produits. — Apiculture. — Sériciculture.

GROUPE VIII

Horticulture et arboriculture

Matériel et procédés de l'horticulture et de l'arboriculture. — Outils. — Appareils de chauffage des serres et accessoires. — Plantes potagères, légumes frais et secs. — Arbres fruitiers et fruits. — Arbres, arbustes, plantes et fleurs d'ornement. — Plantes de serres. — Graines, semences et plants de l'horticulture et des pépinières.

GROUPE IX

Forêts, Chasse, Pêche, Cueillettes

Matériel, produits et procédés des exploitations et des industries forestières; bois, liège, vannerie, sparterie, saboterie. — Armes de chasse. — Produits de la chasse: pelleteries, fourrures, naturalisation. — Engins, instruments et produits de la pêche. — Aquiculture, éponges, écailles, etc. — Engins, instruments des cueillettes. — Herboristerie, caoutchouc, gomme et résine.

GROUPE X

Aliments

Matériel et procédés des industries alimentaires. — Produits farineux, fécules, amidons, tapiocas, pâtes, etc. — Produits de la boulangerie et de la pâtisserie, biscuits, pains d'épices. — Conserves de viande, de poisson, de légumes, salaisons. — Huîtres, crustacés, condiments et stimulants, vinaigres, huiles. — Fruits, secs et préparés. — Sucres et produits de la confiserie. — Chocolats, confitures, cafés, thés, fruits confits et à l'eau-de-vie. — Vins ordinaires, vins fins et de liqueurs. — Eaux-de-vie. — Sirops et liqueurs. — Spiritueux divers. — Alcools d'industrie. — Bières, cidres et poirés. — Eaux gazeuses. — Boissons diverses.

GROUPE XI

Mines, Métallurgie

Matériel et procédés de l'exploitation des mines, minières et carrières. — Minerais, combustibles, soufre, pyrites, etc. — Grosse et petite métallurgie, fer, fonte, acier, cuivre, bronze, nickel, plomb, étain, zinc, etc. — Ferronnerie, quincaillerie.

Groupe XII

Décoration, Mobilier et Accessoires

A. — Décoration fixe des édifices publics et des habitations. — Vitraux, mosaïques. — Sculpture monumentale. — Papiers peints et vernissés, cartonnages. — Meubles à bon marché et meubles de luxe. — Tapis, tapisserie et tapis divers d'ameublements. — Ouvrage du tapissier. — Terres cuites. — Céramiques, cristaux, verrerie, gobeletterie, verres à vitres, glaces et miroirs. — Appareils de chauffage et de ventilation. — Appareils et accessoires d'éclairage non électrique. — Acétylène.

B. — Art religieux. — Chasublerie. — Vêtements ecclésiastiques. — Fleurs et couronnes. — Ornements. — Ameublements d'églises et de chapelles. — Marbreries. — Statues. — Vitraux. — Cierges. — Chemins de croix. — Oratoires. — Missels. — Chapelets. — Bijoux et objets religieux. — Orgues. — Harmoniums. — Cloches. — Monuments funéraires.

Groupe XIII

Fils, Tissus, Vêtements

Matériel et produits de la Filature et de la corderie. — Métiers pour la fabrication des tissus. — Matériel du blanchiment, de la teinture, de l'impression et de l'apprêt des matières texiles. — Procédés de la couture et de la fabrication de l'habillement. — Machines à coudre, à broder, etc. — Fils et tissus de cotons, couvertures. — Fils et tissus de lin, de chanvre, etc. — Fils et tissus de laine. — Soie et tissus de soie, velours, rubans, etc. — Dentelles, broderie, passementerie, rideaux. — Industrie de la confection et de la couture pour hommes, femmes et enfants. — Vêtements sur mesure, robes et manteaux, corsets. — Bonneterie, chemiserie, ganterie, chapellerie, chaussures, parapluies, ombrelles, éventails, etc. — Fourrures confectionnées.

Groupe XIV

Industrie Chimique

Matériel et procédés des arts chimiques. — Produits chimiques, pharmaceutiques et vétérinaires. — Fabrication du papier, papiers de luxe et ordinaires. — Cuirs et peaux. — Parfumerie, essences, savons, fards, dentifrices.

GROUPE XV

Industries diverses

Articles de bureaux. — Coutellerie. — Orfèvrerie, joaillerie, bijouterie. — Horlogerie. — Bronze, fonte et ferronnerie d'art. — Métaux repoussés. — Brosserie, maroquinerie, tabletterie et vannerie fine. — Industrie du caoutchouc et de la gutta-percha. — Objets de voyage et de campement. — Bimbeloterie, jeux et jouets.

GROUPE XVI

Économie sociale, Hygiène, Assistance publique

Apprentissage. — Protection de l'enfance ouvrière, enseignement professionnel, — Rémunération du travail. — Participation aux bénéfices. — Grande et petite industrie. — Associations coopératives de production ou de crédit. — Syndicats professionnels. — Grande et petite culture. — Syndicats agricoles. — Crédit agricole. — Habitations ouvrières. — Sociétés coopératives de consommation. — Institutions pour le développement intellectuel et moral des ouvriers. — Institutions de prévoyance. — Mutualité. — Caisses de retraites. — Assurances. — Initiative publique ou privée en vue du bien-être des citoyens. — Assistance publique. — Hygiène générale, eaux minérales, filtres, assainissement, hydrothérapie, sanatoria.

GROUPE XVII

Colonisation

Procédés de colonisation. — Matériel colonial. — Produits spéciaux destinés à l'exportation dans les colonies. — Associations et missions coloniales. — Collections, objets et produits coloniaux. — Divers.

GROUPE XVIII

Alcool dénaturé

Applications diverses de l'alcool à l'industrie : Lumière, force, chauffage.

GROUPE I

ÉDUCATION — ENSEIGNEMENT

Brier, Émile, percepteur des Finances, Sotteville-les-Rouen (Seine-Inférieure).

Dictionnaire de numismatique universelle, ancienne et moderne.

Châlon Auguste, à La Tourlandry (Maine-et-Loire).

Un cahier d'allemand : « Histoire des Ponts-de-Cé ».

Fraysse, C., à Baugé.

Un volume de l'ouvrage : « Le Folk-Lore du Baugeois ».

Galard, Élie, président du Groupe espérantiste d'Angers, 24, rue de Brissac, à Angers.

Ecole industrielle de Flers (Orne).

Cours et travaux des élèves.

Ecole primaire supérieure de garçons, à Angers.

Travaux d'élèves : Travaux manuels et dessins.

Ecole primaire supérieure de jeunes filles, à Angers.

Dessins et travaux de couture.

Ecole publique de garçons, à Saint-Just-sur-Dive, par Brézé (Maine-et-Loire).

Travaux d'élèves.

Ecole publique de garçons, 4, rue Condorcet.

Travaux d'élèves.

Ecole publique de garçons, à Saint-Laurent-des-Autels (Maine-et-Loire).

Travaux d'élèves.

Ecole publique de garçons, à Parcé (Maine-et-Loire).

Travaux d'élèves.

Ecole publique de garçons, à Jarzé (Maine-et-Loire).

Travaux d'élèves.

Ecole publique de garçons, à Cantenay-Épinard (Maine-et-Loire).

Travaux d'élèves.

Ecole publique de garçons, à Fontaine-Guérin (Maine-et-Loire),

Travaux d'élèves.

Ecole publique de garçons, à Saint-Cyr-en-Bourg (Maine-et-Loire).

Travaux d'élèves.

Ecole publique de garçons, à Vernantes (Maine-et-Loire).

Méthode et spécimens d'écriture.

Ecole publique de garçons, à Bouzillé (Maine-et-Loire).

Travaux d'élèves.

Ecole publique de garçons, de Doué-la-Fontaine (Maine-et-Loire).

Travaux d'élèves.

Ecole publique de garçons, à Sceaux, par Champigné (Maine-et-Loire).

Travaux d'élèves.

Ecole publique de garçons, à Saint-Rabier, par La Bachellerie (Dordogne).

Travaux d'élèves.

Ecole publique de garçons, à Candé (Maine-et-Loire).

Travaux d'élèves.

Ecole publique de garçons, à Savennières (Maine-et-Loire).

Travaux d'élèves.

Ecole publique de garçons, à Mazières, par Cholet (Maine-et-Loire).

Travaux d'élèves.

Ecole publique de garçons, à Sœurdres, par Châteauneuf-sur-Sarthe (Maine-et-Loire).

Travaux d'élèves.

Ecole publique de garçons, à Saint-Martin-de-la-Place (Maine-et-Loire).

« Vade-mecum » du jeune géologue.
Plantes potagères.
Plantes fourragères et industrielles.
Création de musées communaux.
Œuvres post-scolaires.

Ecole publique de garçons, à Liré (Maine-et-Loire).

Travaux d'élèves.

Ecole publique de garçons, de Jans (Loire-Inférieure).

Monographie communale d'Assérac.

Ecole publique de garçons, à La Brûlatte, par La Gravelle (Mayenne).

Trois monographies : La Brûlatte, Deux-Evailles, Saint-Loup-du-Dorat.

Collection de vues pour projections lumineuses.

Ecole publique de garçons, à Bergoney, par la Bastide-Villefranche (Basses-Pyrénées).

Travaux d'élèves.

Ecole publique de garçons, à Tigné, par Noyant-Méon (Maine-et-Loire).

La reliure pratique à l'École primaire (outillage et travaux).

Encadrement en bois découpé.

Ecole publique de filles, à Chemillé (Maine-et-Loire).

Dessins. — Cahiers de devoirs.

Ecole publique de filles, à Écouflant (Maine-et-Loire).

Travaux d'élèves.

Ecole maternelle de La Ménitré (Maine-et-Loire).

Travaux d'élèves.

Ecole publique de filles, rue Bardoul, 23, à Angers.

Travaux d'élèves.

Ecole publique de filles, à La Daguenière, par Saint-Mathurin (Maine-et-Loire).

Cahiers de devoirs.

Ecole publique de filles, à Montrevault (Maine-et-Loire).

Trousseau d'une poupée.

Ecole publique de filles, à Mouliherne (Maine-et-Loire).

Travaux d'élèves.

Ecole maternelle, 11, rue Parcheminerie, à Angers.
Travaux d'élèves.

Ecole maternelle, rue Descartes, à Angers.
Travaux d'élèves.

Ecole maternelle de Segré (Maine-et-Loire).
Travaux d'élèves.

Ecole maternelle, rue Saint-Léonard, à Angers.
Travaux d'élèves.

Ecole maternelle de la rue Victor-Hugo, à Angers.
Travaux d'élèves.

Ecole régionale des Beaux-Arts, à Angers.
Travaux d'élèves.

Rameau, *Gustave*, 26, *avenue* Jeanne-d'Arc, Angers.
Minutes d'une carte de Maine-et-Loire à l'usage des Écoles primaires et des classes élémentaires de Lycées (deux panneaux).

Simon, François-Pierre, *instituteur* (École Victor-Hugo), à Angers.
Chansons populaires de l'Anjou (inédit).

Société de Tir d'Angers, 3, rue Proust, à Angers.
Statuts et programmes.
Cartons de tir.

X. . ., instituteur à Saint-Léger-sous-Cholet (Maine-et-Loire).
Deux cartes : « France et Europe » (lieux historiques).

SECTION DES BEAUX-ARTS

COMITÉ D'HONNEUR

PEINTURE

MM. **Dujardin-Beaumetz**, Sous-Secrétaire d'État aux Beaux-Arts, Président d'Honneur.

Bail, Joseph, ✻.

Baron, ✿ Adjoint au Maire d'Angers.

J. Béraud, O. ✻.

Bessonneau, C. ✻, Manufacturier, Consul de Belgique, Vice-Président de la Commission du Musée des Beaux-Arts.

Besnard, Paul-Albert, C. ✻.

Bonnat, Léon, C. ✻. Membre de l'Institut, Directeur de l'École des Beaux-Arts.

Breton, Jules, C. ✻, Membre de l'Institut.

Carolus-Duran, G. O. ✻, Membre de l'Institut, Directeur de l'Ecole de Rome.

Carrière, Eugène, O. ✻.

Collin, R., O. ✻.

Cormon, Fernand, O. ✻, Membre de l'Institut.

Dagnan-Bouveret, O. ✻, Membre de l'Institut.

Dainville, ✻, Directeur Honoraire de l'École Régionale des Beaux-Arts d'Angers.

Dawant, O. ✻.

Demont, Adrien, O. ✻.

Flameng, François, O. ✻, Membre de l'Institut.

Friant, Émile, O. ✻.

Ferrier, Gabriel, O. ✻.

Gagliardini, ✻.

Gervex, Henri, O. ✻.

Guignard, ✻.

Guillemet, Antoine, O. ✻.

Harpignies, Henri, C. ✻.

Humbert, Ferdinand, O. ✻, Membre de l'Institut.

MM. **Henry, Jouin**, *Secrétaire de l'École Nationale* des Beaux-Arts, Membre de la Commission du Musée.

Lefebvre, Jules, C. ✻, Membre de l'Institut.

Lhermitte, Léon, O. ✻, Membre de l'Institut.

Laurens, Jean-Paul, O. ✻, Membre de l'Institut.

Magne, Lucien, O. ✻.

Maignan, Albert, O. ✻.

Marot, Aimé, O. ✻, Membre de l'Institut.

Montenard, ✻.

Moyaux, O. ✻, Membre de l'Institut, Inspecteur général des Bâtiments civils.

Richemont, (Alfred de), ✻.

Robert-Fleury, Tony, O. ✻, Président de la Société des Artistes Français.

Roll, Alfred, O. ✻, Président de la Société Nationale.

Toudouze, Ed., O. ✻.

Weerts, J.-J., O. ✻.

SCULPTURE

Boisseau, Em., O. ✻.

Boucher, Alfred, O. ✻.

Coutan, Jules-Félix, O. ✻, *Membre de l'Institut.*

Dalou, C. ✻.

Fremiet, O. ✻, Membre de l'Institut.

Lépicier, ✪, Adjoint au Maire d'Angers.

Mercié, Antonin, G. O. ✻, Membre de l'Institut.

Moreau, Mathurin, O. ✻.

Puech, Denys, O. ✻.

Rodin, C. ✻.

Sicard, François, ✻.

Saint-Marceaux, (René de), O. ✻.

GRAVURE

Bracquemond, O. ✻.

Lefort, Henry, ✻.

Laguillermie, O. ✻.

Maurou, Paul, ✻.

Patricot, Jean, O. ✻.

Waltner, Charles, O. ✻.

JURY DES RÉCOMPENSES

MM. **Joxé**, ancien député, maire d'Angers, président.
Baron, adjoint délégué aux Beaux-Arts.
Alvas, directeur de l'École régionale des Beaux-Arts.
Baschet, artiste-peintre.
Bessonneau, manufacturier.
Bisson, Edouard, artiste-peintre.
Brunclair, conservateur du musée des Beaux-Arts.
Cesbron, Achille, artiste-peintre.
Cesbron-Lavau.
Chabas, artiste-peintre.
Cormeray, artiste-peintre, ancien président des Amis des Arts.
Dainville, directeur honoraire de l'École régionale des Beaux-Arts.
Deperrière, président des Amis des Arts.
Dussauze, conservateur du musée Pincé.
Fournier, Hippolyte, artiste-peintre.
Huault-Dupuy, aquafortiste, ancien président des Amis des Arts.
Livache, père, artiste-peintre.
Lutscher, artiste-peintre.
Michel, conservateur du musée d'Archéologie.
Rochegrosse, artiste-peintre.
Tessier, artiste-peintre.

Commissariat Général

MM. **Edouard Bisson**, ✿ I., Commissaire général.
Collin, Secrétaire du Commissaire général.

Il est expressément défendu de fumer dans les Salons et de toucher aux Œuvres exposées. Un Catalogue, avec le prix indiqué en regard de chaque Œuvre, sera entre les mains des gardiens.

RÈGLEMENT

ARTICLE PREMIER. — Sont seules admises les œuvres suivantes : **Peintures à l'huile, Aquarelles, Pastels, Sculptures et Gravures.**

Les sculptures ne devront pas dépasser le poids de 150 kilos; seuls, les bronzes, les bois et les ivoires sont admis. Les tableaux ne pourront dépasser, cadres compris, deux mètres de largeur, à moins d'une autorisation spéciale. Le nombre des ouvrages qu'un même artiste pourra exposer dans chaque genre est limité à deux. Aucune œuvre ne pourra être retirée avant la clôture de l'Exposition. Il sera décerné des récompenses par un Jury spécial. Seront hors concours : les médaillés des Champs-Élysées, ainsi que les Sociétaires et Associés du Champ-de-Mars.

ART. 2. — Le transport, aller et retour, des ouvrages est à la charge des exposants; cependant les œuvres qui seront remises chez M. POTTIER, emballeur, 9 et 14, rue Gaillon, à Paris, du 1er au 15 avril, seront transportées, aller et retour, aux frais de la Société de l'Exposition.

Tous les envois, en dehors de ceux de Paris, devront être rendus le 20 avril et adressés *franco* à M. le Commissaire Général des Beaux-Arts, au Palais de l'Exposition d'Angers.

ART. 3. — L'Administration de l'Exposition apportera le plus grand soin à la garde des œuvres qui lui seront confiées, mais elle décline toute responsabilité en cas d'accidents ou d'avaries; toutefois une assurance contre l'incendie sera contractée par l'administration. Chaque exposant est tenu de rédiger deux notices, avec désignation des œuvres et des prix, dont l'une accompagnera son envoi et l'autre adressée directement à M. l'Administrateur de l'Exposition, à Angers. Les artistes sont priés d'écrire très lisiblement leurs notices afin d'éviter des erreurs au catalogue.

L'Administration, préoccupée de l'intérêt des exposants, facilitera par tous les moyens possibles la vente de leurs œuvres. Les artistes devront donc marquer leur extrême dernier prix, afin d'éviter tout marchandage.

Une commission de 10 o/o sera prélevée sur la vente des œuvres.

Le Maire d'Angers,

JOXÉ (✻)

Ancien Député

Le Président de la Commission Municipale,

Eug. PROUST (✪ I.)

Adjoint au Maire

Le Commissaire des Beaux-Arts,

Edouard BISSON (✪ I.)

Le Commissaire Général,

J.-Alf. VIGÉ (✪, ✪, O., ✠, ✠)

GROUPE II

ŒUVRES D'ART

PEINTURE

Adam, Nanny, 1, rue de Narbonne, Paris.

1 — *Coin de Paris.*
2 — *L'Automne à Venise.*

Anglade, Gaston, chez M. Léon Gérard, expert, 18, rue Drouot, Paris.

3 — *Matinée brumeuse à Saint-Cirq-la-Popie* (*Lo*
4 — *Gargilesse le matin* (*Bruyères en fleurs*).

Barbier, Antoine, 8, villa Michel-Ange, Paris (16e).

5 — *La Brévenne.*

Bartlett, J.-H., 8, villa Michel-Ange, Auteuil-Paris (16e).

6 — *Marine* (*Coucher de soleil*).
7 — *Marine* (*Clair de lune*).

Baudet, Marie, 2, rue Perseval, Reims.

8 — *Pommes rouges.*
9 — *Tête de vieille femme ardennaise.*

Baugé, Hyacinthe, Rochefort-sur-Loire (Maine-et-Loire).

10 — *Nature morte.*

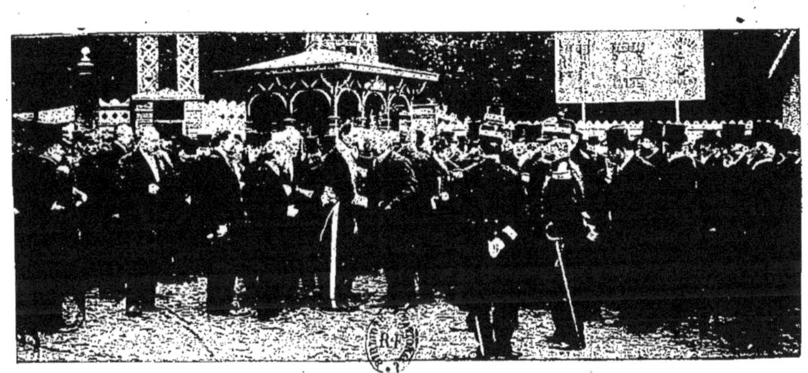

Inauguration Officielle

Réception des Autorités

Baugé, Emilie, Rochefort-sur-Loire (Maine-et-Loire).

11 — *Nature morte.*

Baugey, Marie-Louise, 33, rue Mirabeau, Angers.

12 — *Paysage (Ain).*
13 — *Marine (Belle-Ile).*

Bauré, Albert, 13, quai Conti, Paris.

14 — *Intimité.*

Baye, Pierre-Alphonse, 23, rue Charles V, Paris.

15 — *Livres d'Eglise.*
16 — *Vieux bouquins « Armes ».*

Beaucantin, Louise, 43, rue de Paris, Angers.

17 — *Paysage aux environs de Caen.*

Beauquesne, Wilfrid, chez M. Léon Gérard, expert, 18, rue Drouot, Paris.

18 — *Batterie d'artillerie.*

Beauverie Charles, 29, rue Gabrielle, à Paris, et à Poncin, par Feurs (Loire).

19 — *Entrée du port de Cassis (Bouches-du-Rhone).*
20 — *Pointe de Grosnaz (La Ciotat).*

Bellanger, Auguste, 37, rue Denfert-Rochereau, Paris.

21 — *La Servante et le Faune.*
22 — *Effet de soir (La Turballe).*

Belnot, Marie-Jeanne, 13, Grande Rue, Pontoise (Seine-et-Oise).

23 — *Fleurs de Mai.*

Berjole, CHARLES, 35, rue de la Reveillère, Angers.

24 — *L'Etang.*
25 — *Dans le parc.*

Bern-Klène, Veneux-Nadon (Seine-et-Marne).

26 — *Hiver.*
27 — *Temps orageux.*

Berton, P.-EMILE, 9, rue Mozart, Paris.

28 — *Vallée de Montabbé (Seine-et-Oise).*
29 — *Falaise à Saint-Lunaire.*

Bessède, PIERRE-HENRY, rue Michel-Montaigne, à Castillon-sur-Dordogne (Gironde).

30 — *Nature morte.*
31 — *Nature morte.*

Biva, HENRI, 72, rue du Château-d'Eau, Paris.

32 — *Le soir (Parc de Saint-Cloud).*
33 — *Chrysanthèmes.*

Boisard, GEORGES, 28, quai National, à Sablé-sur-Sarthe.

34 — *Envoi d'Oranges (Nature morte).*
35 — *Fin d'Automne (Paysage).*

Bordereau, MAURICE-RENÉ, élève de MM. Brunclair et Tessier, 18, rue Bonne-Nouvelle, Angers.

36 — *Dans l'Atelier.*
37 — *La Plage et la Mer (Fragments de frises décoratives pour une villa).*

Bossard, MAURICE, 16, rue du Commerce, à Cholet (Maine-et-Loire).

39 — *Simples Fleurs.*

Boulicaut, Pierre, rue Fontaine, 42, à Paris (9e).

40 — *Jeune Femme et Pigeons.*
41 — *Jeune Fille aux Roses.*

Boulineau, Albert-Marie-Nicolas, rue du Cherche-Midi, 115, Paris.

42 — *Un Soir* (*Souvenir de Bretagne*).
43 — *Faubourg Perrière à Annecy.*

Bouillier, Amable, 12 *bis*, rue Vineuse, Paris.

44 — *Bêtes normandes.*

Bourdier, Paul, 98, rue Chardon-Lagache, Paris.

45 — *Bord de Rivière* (*le soir.*)

Brault, Auguste-Alexandre, élève de M. de Saint-Martin, 14, rue des Lices, Angers.

46 — *Panneau décoratif* (*dessus de porte*).

Bruncel, Marguerite, élève de M. Pierre Bourgogne, 3, rue de l'Industrie, à Saint-Servan (Ille-et-Vilaine).

47 — *Roses.*
48 — *Chrysanthèmes.*

Brunet-Houard, Fontainebleau.

49 — *Flore retient sur la voie le fardier et les chevaux de Cabuche, afin que la locomotive la Lison vienne s'y broyer* (tiré du roman *La Bête Humaine*, de Zola).

Caillot, Roger, 9, rue Chaptal, Paris.

50 — *Grosse Mer.*
51 — *Crépuscule.*

O'Callaghan, Luc-Albert, 104, rue du Bac, Paris.

52 — *Porte de Moret.*

Caspers, Pauline, 1, quai aux Fleurs, Paris.

53 — *Chrysanthèmes et Grenades.*

Caud, Marcel-Henri-Léonce, 14, rue Berthollet, Paris (5e).

54 — *Le Houzon.*
55 — *Notre-Dame-de-Paris (Effet du matin).*

Cayron, Maurice, rue Fulton, 90, Angers.

56 — *L'Etang de Saint-Nicolas.*
57 — *Bords de la Dordogne à Beaulieu (Corrèze).*

Chailloux, Alfred, place Saint-Martin, 7, Angers.

58 — *La Nuée.*
59 — *Les Tranchandières.*

Charrier, Emile-Léopold, quai de Versailles, 35, à Nantes.

60 — *Soleil couchant, près de La Turballe.*
61 — *Le grand Traiet des hauteurs de Guérande.*

Chateignon, Ernest, chez M. Léon Girard, expert, 18, rue Drouot, Paris.

62 — *Retour des Champs.*
63 — *Repos des Moissonneurs.*

Chaufour, Augustine, 2, rue Caroline, Paris (17e).

64 — *Marine.*
65 — *Fleurs.*

Chéron, Olivier, 1 *bis*, rue Eugène-Flachat, Paris.

66 — *Douarnenez Plage (Finistère).*
67 — *La Neige de ma fenêtre à La Grave.*

Chivot, GEORGES, 14, rue Delambre, Paris.

68 — *Nature morte (Vieux Bouquins).*
69 — *Intérieur.*

Chollet, CHARLES, rue Beethoven, 4, Paris.

70 — *Vue de Rivière à Montargis.*
71 — *L'Etang.*

Claude, EUGÈNE, rue de Châteaudun, 90, Asnières (Seine.)

72 — *Le Bouquet des Champs.*
73 — *Fruits d'Automne.*

Claude, GEORGES, 82, boulevard des Batignolles, Paris.

74 — *Henri IV et l'Ambassadeur.*

Clicquot, ANTOINETTE, 3, rue Gambetta ,Nanterre (Seine).

75 — *Un Héron mort.*
76 — *La Baie de Saint-Malo. Vue de la Rochebonne en Paramé (Ille-et-Vilaine).*

Coignet, MARIE, 127 *bis*, rue du Ranelagh, Paris.

77 — *Une bonne Chasse.*
78 — *Le Cantaloup.*

Colin-Libour, URANIE, 29, boulevard des Batignolles, Paris.

79 — *Chez le Grand-père.*
80 — *Anxiété.*

Collas, PAULE, 6, rue du Bellaye, Paris (4e).

81 — *Laitière normande (Intérieur).*

Collet, Louis-Frédéric-Emile, place de la Commanderie, 6, à Nancy.

82 — *Rassemblement* (*Clairon d'Infanterie*).
83 — *Pêcheur à l'épervier sur la Meuse* (*à Bellercy, près Verdun*).

Colmain, Horace, 7, rue Belloni, Paris.

84 — *Sur les Fortifs.*
85 — *Condottière.*

Corchet, Gabrielle-Louise, 53, rue de Soubise, Roubaix (Nord).

86 — *Jeune Femme aux Fleurs.*

Corpet, Etienne, 158, rue de Charonne, Paris.

87 — *La Pomme de Châtigny.*
88 — *Les grosses Poires.*

Coudray (du), Henri-Augustin-Marie, 4, rue Racine, à Nantes.

89 — *Vieux Loup de mer.*
90 — *Type breton.*

Cocalock, John, chez M. Debout, 93, boulevard du Montparnasse, Paris.

91 — *Appledore.*

Dabault, Henri-Ernest, 11, quai aux Fleurs, Paris.

92 — *Anxieuse après l'Orage.*

David-Nillet, Germain, 218, faubourg Saint-Antoine, Paris,

93 — *L'Aveugle* (*Bretagne*).
94 — *Rue ensoleillée.*

Debat-Pousan, Edouard-Bernard, 55, avenue Victor-Hugo, Paris.

95 — *Abreuvoir dans l'Etang (Touraine).*

Delpy, Camille, chez M. Léon Gérard, expert, 18, rue Drouot, Paris.

96 — *Bords de la Seine.*

Denéchaud, Auguste-Emile, 41, quai Ligny, Angers.

97 — *Le Tricot.*
98 — *En Maraude.*

Déplanté-Voyot, B., 41, rue de Neuilly, à Clichy (Seine).

99 — *Chœur de la Cathédrale de Sainte-Vaudru à Mons (Belgique).*
100 — *La Cathédrale de Sainte-Vaudru.*

Dillon, Henri-Patrice, 84, boulevard Rochechouart, Paris.

101 — *Politique.*

Dolbeau, Marcel, 5, rue de l'Ile, à Sablé-sur-Sarthe.

102 — *Un joli coin près Sablé.*

Doll-Panceron, Louise, 6, rue de la Vrillière, Paris.

103 — *Pêches et Raisins.*
104 — *Botte de lilas.*

Dufrenoy, Georges-Léon, 21, quai Bourbon, Paris.

105 — *Paysage vénitien.*
106 — *Paysage vénitien.*

Dupain, Edmond, 153, boulevard Montparnasse, Paris.

107 — *Pour noyer les soucis.*
108 — *Rêve de printemps.*

Dupuy, Paul-Michel, 45, rue de Lévis, Paris.

109 — *Aux Champs-Elysées.*
110 — *Le port de la Rochelle.*

Dureau René, Brissac (Maine-et-Loire).

111 — *Portrait de M. X.*

Edouard, Albert-Jules, 19, quai Saint-Michel, Paris.

112 — *La partie de loto (Quine).*
113 — *La prière du matin (Intérieur normand).*

Ferdi-Paris, Adélard, 102, rue du Quinconce, Angers.

114 — *Un coin de falaise.*

Firmin, Claude, 54, rue de Seine, Paris.

115 — *L'Epicière.*

Fleisch, B.-Suzanne, 3, avenue Bugeaud, Paris.

116 — *Philine.*

Fontaines (des), André, 47, rue Chabaudy, Niort (Deux-Sèvres).

117 — *Vallée de Mauzan (Environs de Royan).*
118 — *Bouquet d'arbres sur la falaise de Vallières (Royan).*

Fournier, Hippolyte, à Gonnord (Maine-et-Loire).

119 — *Le soir de la vie (Paysans angevins).*
120 — *Rêverie.*

Fournier, Benjamin, 22, rue Hoche, Chinon (Indre-et-Loire).

121 — *Paysage. Fin de journée (Bords de la Vienne à Chinon).*

Gagarine-Stourdza (Princesse ANINA), villa Mauzyria, route de Fréjus, Cannes (Alpes-Maritimes).

122 — *Etude de femme.*
123 — *La lettre (Genre).*

Galtier-Boissière, LOUISE, 29, rue Vaneau, Paris.

124 — *Près de la fenêtre (Intérieur).*
125 — *Femme nue sur un canapé.*

Gardais, RAOUL, 6, boulevard Delorme, Nantes.

126 — *Château de Clisson.*

Gendron, OCTAVE-LOUIS, à Cornillé, par Corné (Maine-et-Loire).

127 — *Chaperon rouge.*
128 — *L'Eclaircie (paysage).*

Gerre, JULIEN, 101, rue du Vieux-Saint-Louis, à Laval.

129 — *La route de Montfours (Bruyères en fleurs).*
130 — *Paysage.*

Girardin, CÉLESTIN, à Brissac (Maine-et-Loire).

131 — *Vieux Mendiant.*

Girardet, PAUL, 26, boulevard Inkermann, Neuilly (Seine).

132 — *Le soir après l'orage.*
133 — *Le Ravin.*

Gœpp, ALBERT, 43, rue Perronnet, à Neuilly (Seine).

134 — *L'Océan.*
135 — *Le Marin Yvon.*

Gries, ROSE, boulevard Saint-Marcel, 17, Paris.

136 — *Oranges.*

Grinand, JEANNE, 133, avenue de Neuilly, Neuilly-sur-Seine.

137 — *Derniers Vestiges (Nature morte).*

Groselande-Bodenstein, 67, rue d'Antibes, à Cannes (Alpes-Maritimes).

138 — *Portrait de M. G.*

Grujot, JULIEN, 33, rue des Fours-à-Chaux, Angers.

139 — *Fin d'Hiver (Etang Saint-Nicolas).*

Haon, RAOUL, 11, rue de Ruat, à Bordeaux.

140 — *Nature morte (Oranges).*

Houdebine, RENÉ-GUSTAVE, rue Jean-Bodin, 23, Angers.

141 — *Le Louet à la Haie-Longue (Maine-et-Loire).*

Jacques, MARIE, chez M. Léon Gérard, 18, rue Drouot, Paris.

142 — *Rue de l'Eglise (Nemours).*

Jacquet, MAURICE, chez M. Léon Gérard, 18, rue Drouot, Paris.

143 — *Coquetterie.*

Jeanmougin, Alfred-Pierre-Joseph, 21, rue Hégésippe-Moreau, Paris.

144 — *La Bible.*

145 — *Le Séchage des Haricots (Chaudefontaine, Marne).*

Jobert, Paul (hors concours), 15, rue Jean-Baptiste-Dumas, Paris.

146 — *Derniers rayons (Marine).*

147 — *Le bassin Bérigny (Dieppe).*

Jubier, Frédéric, 6, rue Dareau, Paris.

148 — *Martyre.*

149 — *Un coin de Ploumanach (Bretagne).*

Jumelet, Emile, 3, rue Jolly, à Saint-Mandé (Seine).

150 — *Portrait de Mme B.*

Kiréevsky, Etienne, 65, avenue Marceau, Paris.

151 — *Trotinette.*

152 — *Etude.*

Kœnig, J.-Raymond, 12, rue de Bagneux, Paris.

153 — *Régates à Paimpol.*

154 — *Le Couvent de Saint-François-du-Désert (Lagune de Venise).*

La Fontaine, Charles, chez M. Léon Gérard, expert, 18, rue Drouot, Paris.

155 — *Coquetterie.*

Laiguillon, Emile, avenue de Limoges, 119, Niort (Deux-Sèvres).

156 — *La Rochelle (entrée du port, matinée, marée basse).*

157 — *Environs de Luz (Hautes-Pyrénées).*

Langerock, Henri, 13, avenue du *Bac, à Asnières, près* Paris.

158 — *Pâturage sous bois.*

Lasibille, Madeleine, 22, rue Tourlaque, Paris.

159 — *Fleurs des Champs.*
160 — *Nature morte.*

Laurent-Desrousseaux, Henri, 12, rue Hippolyte-Lebas, Paris.

161 — *L'Oracle.*

Lauri, Giustiniano, 104, boulevard de Clichy, Paris.

162 — *Tête de femme espagnole.*

Laury, Pierre, rue de Buffon, 5, Angers.

163 — *Vue de la Baumette.*
164 — *Vue de la Promenade des Fours-à-Chaux.*

La Villette, Elodie, Renarou, en Saint-Pierre-Quiberon.

165 — *La Roche des Basses-Plates (Tempête à Quiberon).*
166 — *Coucher de soleil rouge (Quiberon).*

Le Bail, Louis, villa Champ-Fleuri, chemin des Vignes, à Verneuil-sur-Seine (Seine-et-Oise).

167 — *Pins Parasols au Golfe Juan (Alpes-Maritimes).*
168 — *Chaumières du Rosnel, printemps, temps gris.*

Leboucher, Eugène-Edouard, rue de Bel-Air, 42, à Angers.

169 — *Marine près Brest.*
170 — *Rochers de Plougastel-Daoulas, près Brest.*

Le Fournis, Jean, 58, rue Mirabeau, Angers.

171 — *La ville close (Concarneau).*
172 — *Les voiles bleues.*

Lemanceau, 9, rue Baudrière, Angers.

173 — *Chûte de l'Etang Saint-Nicolas (Le soir).*
174 — *La Roche de Mûrs (Effet du matin).*

Le Meilleur, Georges, 41, rue Bayen, Paris.

175 — *Automne (Environs de Louviers).*
176 — *Bords de l'Eure.*

Le Nail, Ernest, 186, boulevard Péreire, Paris.

177 — *Chasse au Sanglier par temps de neige.*

Le Poittevin, Louis, 2, rue Lecombe, Paris.

178 — *Cloître de Lehon (Soleil couchant)*, près de Dinan (*Côtes-du-Nord*).

Leroy, Marguerite, rue Saint-Julien, 23, Angers.

179 — *Château de Mauny (Maine-et-Loire).*

Leroy, Jules, chez M. Léon Gérard, 18, rue Drouot, Paris.

180 — *Panier de Chats.*

Lesage, Pierre-Alexis, 22, rue Lamoricière, Nantes.

181 — *Portrait de femme.*
182 — *Un vieux Chouan.*

Levy-Benoist, 11, cité Trévise, Paris.

183 — *Intérieur près Amsterdam.*

Lizars, Charles, 24, rue Arc-de-Triomphe, Paris.

184 — *Automne en Méditerranée.*
185 — *Rade de Toulon.*

Lottin, Frédéric, 104, rue de la Tour, Paris.

186 — *Alma Mater.*
187 — *Famille.*

Loutrel, Georges, 43, rue Thiers, Rouen.

188 — *Paysage.*

Louvet, Camille, 46, avenue Jeanne-d'Arc, Angers.

189 — *L'éclaircie. Crue de la Maine (février 1906).*
190 — *Promenade dominicale (Anjou).*

Lutscher, Fernand, rue de la Blancheraie, 19, Angers.

191 — *Le soir au bord du lac.*
192 — *Matinée de novembre (Anjou).*

Lutscher, Georges, rue de la Blancheraie, 19, Angers.

193 — *Le soir en hiver.*
194 — *Jour de pluie.*

Mahler, Paul, 19, rue Denis-Gogne, à Clamart (Seine).

195 — *On vient (Fox-terrier).*

Maillaud, Fernand, 3, rue de l'Estrapade, Paris.

196 — *Port de Boulogne.*
197 — *Bœufs marchais.*

Manceaux, Louis, 2, rue Achille-Sirouy, Beauvais (Oise).

198 — *Comtemplation.*
199 — *Les Pauvres Gens.*

Mantelet, Albert, 5, rue Bourdaloue, Paris.

200 — *Mœurs américaines (Attaque d'un train par les brigands).*
201 — *La Forge.*

Marcel-Clément, Amédée-Julien, 38, rue Boileau, Paris (16e).

202 — *La Retraite aux lampions.*
203 — *La Chasse à l'homme.*

Marcotte de Quivières, Augustin-Marie-Paul, 134, avenue de Villiers, Paris.

204 — *Marine (Ile Bréhat).*

Maréchal, Paul, 13, rue Victor-Massé, Paris.

205 — *Le Cap de la Hague à Anderville (Manche).*
206 — *Sur la Falaise, près Barfleur (Manche).*

Marin, Emile, 83, rue du Cherche-Midi, Paris.

207 — *Tête de Chien (Etude).*
208 — *Sinagots s'abritant devant l'orage (Morbihan).*

Marzin, Alfred, route de Rouen à Saint-Lambert-des-Levées, Saumur.

209 — *Sémaphore de Beg-Meil (Finistère).*
210 — *Mare au Soleil couchant (Finistère).*

Massard, Charles, 16, rue de Villemorge, place Ney, Angers.

211 — *L'Eté.*

Massin, Louis-Eugène-Pierre, 95, rue Vaugirard, Paris.

212 — *Automobile, la nuit, dans le vieux Roscoff (Finistère).*
213 — *Coucher du Soleil, Erquy (Bretagne).*

Mathieu, Gabriel, 9, rue Thiers, à Champigny-sur-Marne (Seine).

214 — *La Marne à Champigny.*
215 — *La Vienne à Eymoutiers.*

May, PHILIP, 16, rue Chappe, Paris.

216 — *Lever du Soleil à Saint-Tropez.*

Mazard, ALPHONSE-HENRI, 117, rue Notre-Dame-des-Champs, Paris.

217 — *Rayon de Lune.*
218 — *Cour des Murs.*

Ménard, VICTOR, 18, rue de Chabrol, Paris.

219 — *Le bonnet du petit frère.*
220 — *Un envoi : L'Arlequin.*

Menneret, CHARLES, 52, rue de Chabrol, Paris.

221 — *Bas-Meudon le soir.*
222 — *Une allée à Saint-Cloud (Automne).*

Milner-Kite, JOSEPH, 17, rue Campagne-Première, Paris (14e).

223 — *Sur le divan.*
224 — *Un Loup de mer.*

Moreaux, EMILE, rue du Palais, 7, à Vervins (Aisne).

225 — *Fillette aux bulles de savon.*
226 — *Lisette*

Mouren, HENRY, 31, rue de Sèvres, Paris.

227 — *Le Bois des Cyclamens (Indre).*
228 — *Le Moulin de la Merci-Dieu.*

Moussy, LÉONIE, 5, rue Hippolyte-Lebas, Paris (9e).

229 — *Roses.*
230 — *Fleurs de Nice.*

Nawrocki, Bolestas, 65, boulevard Arago, Paris.

231 — *Liseuse.*

232 — *Paris le soir (l'église Saint-Etienne-du-Mont* avec la *silhouette du Panthéon).*

Nils-Forsberg, 46, rue Châteaudun, Paris.

233 — *Un canal à Venise.*

234 — *Après le déjeuner.*

Osbert, Alphonse, 7, rue Alain Chartier, Paris (15e).

235 — *La Brume sur la mer.*

236 — *Rêve du soir.*

Palade-Bonnal, 10, rue Saint-Antoine, Paris.

237 — *Dimanche en Bretagne.*

238 — *Liseuse hollandaise.*

Parini, Ermen, 23, boulevard Gouvion-Saint-Cyr, Paris.

239 — *Un intérieur dans le Borinage (Belgique).*

240 — *Un intérieur de mineurs dans le Borinage (Journée d'hiver).*

Péan, Michel-Maurice, élève de Gérôme et de MM. Ferrier et Brunclair, 10, rue Toussaint, Angers.

241 — *Portrait de l'auteur.*

242 — *Saint-Germain-des-Prés d'un sixième étage.*

Pelcner, Charles, 44, rue Vandamme, Paris

243 — *La soupe (Scènes bretonnes).*

244 — *A boire (Scènes bretonnes).*

Pelletan, Ed., 6, rue de l'Isle, à Sablé-sur-Sarthe.

245 — *Collation.*

246 — *Five Oclock.*

Petit, Louis, 117, rue Notre-Dame-des-Champs, Paris.

247 — *La Fontaine Médicis au Luxembourg.*
248 — *Au Luxembourg.*

Pidoux, Ernest, avenue de la Gare, à Parthenay (Deux-Sèvres).

249 — *Etude.*
250 — *Etude.*

Poissant, Jean-Henri, élève de M. L.-A. Anguin, 127, rue Fondandège, à Bordeaux.

251 — *Après l'orage. Blanquefort (Gironde).*
252 — *Les souvenirs de l'ancêtre.*

Prévot-Valéri, 6, rue Aumont-Thiéville, Paris.

253 — *Village de Vigeant.*
254 — *Soleil couchant.*

Quignon, Fernand-Just, 83, boulevard Richard-Lenoir, Paris.

255 — *Le Champ de blé.*

Rastoux, Jules-Gaspard, rue de l'Ecluse, 12, Nîmes.

256 — *Le Jardin de la Fontaine à Nîmes.*

Réal, Daniel, 12, rue du Moulin-de-Beurre, Paris.

257 — *En retraite.*
258 — *Cavalier cherchant un gué.*

Renard, Mary, 74, rue de Bretagne, Alencon (Orne).

259 — *La Sèvre-Nantaise à Clisson, le matin.*
260 — *La Sèvre-Nantaise à Clisson, le soir.*

Ribbrol, Fernand, 17, rue Cherche-Midi, Paris.

261 — *La rue Chaude à Châteauneuf-sur-Loire.*
262 — *La rue des Fontaines à Châteauneuf-sur-Loire.*

Richars, Maurice, 89, boulevard Montparnasse, Paris.

263 — *Corbeille de fruits.*

Richet, Léon, chez M. Léon Gérard, expert, 18, rue Drouot, Paris.

264 — *Soleil couchant.*
265 — *Soleil couchant.*

Rivière, Charles, 24, boulevard Richard-Lenoir, Paris.

266 — *Intérieur Breton (le Buveur).*
267 — *Forêt de Fontainebleau (Automne).*

Robin, Raphaela, 3 *bis*, rue des Beaux-Arts, Paris.

268 — *Portrait de M. le Baron L. de M.*
269 — *Sous Bois.*

Rouillé, Leon, 20, place des Halles, à Ancenis (Loire-Inférieure).

270 — *Petites impressions de Soir d'Eté* (9 études).
271 — *Bords de la Loire en été* (4 *études*).

Ruel, Abel-Victor, élève de MM. Dauban, Brunclair et J.-P. Laurens, rue d'Alsace, 24, Angers.

272 — *Deux Etudes* (dans un même cadre).

Sadoux, Alfred, 8, rue Chaptal, à Tours (Indre-et-Loire).

273 — *Matinée de Septembre en Touraine.*
274 — *Brouillards de l'Indre à Loches.*

Sain, Paul, 66, rue Boursault, Paris (17e).

275 — *Effet de Neige à Billancourt (Environs de Paris).*

276 — *Les Coteaux de Meudon (Environs de Paris).*

Saint-Martin, Justine-Marie, 14, rue des Lices, Angers.

277 — *Portrait.*

Sala, Jean, 23, rue des Martyrs, Paris.

278 — *Printemps.*

279 — *Junon.*

Sauvignier, Frédéric-Alexandre, 3, rue des Écoles, Chambéry (Savoie).

280 — *Après-midi de Septembre. Gourgançon (Marne).*

Schulz, Adrien, chez M. Léon Gérard, expert, 18, rue Drouot, Paris.

281 — *Forêt de Fontainebleau.*

282 — *Forêt de Fontainebleau.*

Sérendat de Belzim, Louis, 31, avenue de Villiers, Paris.

283 — *Charmeuse.*

284 — *Les Hirondelles.*

Sins, E., 5, boulevard Montmartre, Paris.

285 — *Iles Baléares (Marine).*

286 — *Iles Baléares (Marine).*

Sol, Elie, à Saint-Just-sur-Dive, par Brézé (Maine-et-Loire).

287 — *Les bords de l'Aveyron.*

Tabarly, Maurice, 8, rue Chaussée-Saint-Pierre, Angers.

288 — *Cour de Ferme à Saint-Michel.*

289 — *Ruines de Tharon.*

Tattegrain, Francis, 12, boulevard de Clichy, Paris.

290 — *Saint-Quentin pris d'assaut* (*Exode du* 29 *août* 1557).

291 — *Port de Yarmouth.*

292 — *Etude en Mer.*

Tauzin, Louis, 4, sentier des Pierres-Blanches, à Bellevue (Seine-et-Oise).

293 — *Les Chênes verts à Noyan.*

294 — *La Falaise à Pontaillac.*

Tessier, Louis-Adolphe, 88, rue Franklin, Angers.

295 — *Endormi par les Anges.*

296 — *Gitana.*

Thiélemans, Anna, 10, rue de Rennes, Paris.

297 — *Les Cerises à l'eau-de-vie.*

Thiéry, 53, rue Saint-André-des-Arts, Paris.

298 — *Jésus chez Marthe et Marie.*

299 — *Midi.*

Tillier, Paul, 30, rue Guillaume-Tell, à Paris.

300 — *Sirènes d'eau douce.*

301 — *The Spring.*

Timmermans, Louis, chez M. Léon Gérard, expert, 18, rue Drouot, Paris.

302 — *Derniers rayons.*

303 — *Port Navalo* (*Morbihan*). *Soleil couchant.*

Toudouze, Marie-Anne, 21, boulevard des Batignolles, Paris.

304 — *Chez soi.*

Toussaint, Louis-Anatole, 5, rue Guénégaud, Paris.

305 — *Coucher de soleil (Bretagne).*
306 — *Une nuit (Bretagne).*

Triquet, Jules, 110, boulevard Péreire, Paris.

307 — *Jeune fille aux Roses.*

Truchet, Abel, 4, rue Caroline, Paris.

308 — *Marché breton.*
309 — *Les Tuileries.*

Valmalete (de), Cécile, 34, rue des Martyrs, Paris.

310 — *Portrait de vieux marin au soleil.*

Vaunier Lucie, rue du Vieux-Saint-Louis, 95, à Laval (Mayenne).

311 — *Vase de Chrysanthèmes.*
312 — *Vase de Girofiées.*

Veloppé, Antony, 78, quai Fosse, à Nantes.

313 — *Le soir à Chantenay.*
314 — *Soirée d'automne au large de Belle-Ile.*

Villeminot-Lapoulot, Esther, à Bourmont (Haute-Marne).

315 — *Corbeille de Chrysanthèmes.*

Vitalis, Marie-Louise, élève de M. Th. David, 13 *bis*, rue d'Iéna, Le Mans (Sarthe).

316 — *Marée basse.*

Weiss, Geo, 12, rue Louis-David, Paris.

317 — *A l'Aube.*
318 — *Indécision.*

PASTELS, AQUARELLES
DESSINS, etc.

Ariès, Nel, 9, boulevard du Roi, à Versailles.

319 — *Porte de l'Eglise de Guétaria, Espagne* (aquarelle).

320 — *Les vieilles Gabares* (aquarelle).

Aubert, Gabrielle, 32, rue de l'Etenduère, Angers.

321 — *Le Soir* (dessin à la plume).

322 — *Le Petit Pont* (dessin à la plume).

Aveline, Clotilde, 11, rue Paillot-de-Montabert, à Troyes (Aube).

323 — *Tulipes et Myosotis* (aquarelle).

324 — *Asters blancs et Géraniums* (aquarelle).

Barbier, Antoine, 8, villa Michel-Ange, Paris (16e).

325 — *Matinée d'Automne à l'Aubépin* (aquarelle).

Baugey, Marie-Louise, 33, rue Mirabeau, Angers.

326 — *Etude de Roses* (aquarelle).

Beaucantin, Louise, 43, rue de Paris, Angers.

327 — *Fleurs des Champs sur soie noire* (écran-gouache).

Boisnard, Madeleine-Pauline, rue d'Angoulême, 6, Paris.

328 — *Pêches et Raisins* (aquarelle).

329 — *L'Enfant aux Cerises. Lauréta* (émaux).

Boyer, Louise-Emma, officier d'Académie, 5 *bis*, rue Saint-Paul, Paris (4e).

330 — *Canons d'autel pour une chapelle dédiée à Saint Antoine de Padoue.*
331 — *Profil* (étude).

Brasilier, Wisse-Marguerite, 4, cité Gabrielle, Rueil (Seine-et-Oise).

332 — *Etude* (fusain).
333 — *Coucher de Soleil* (aquarelle).

Burgot, Firmin, 1, rue Pierre-Lise, Angers.

334 — *Départ pour la Pêche* (dessin à la plume).

Coblet-Rimm, Ernestine, 22, rue des Fossés-Saint-Jacques, Paris.

335 — *Melon, Pêches et Raisins* (aquarelle).
336 — *Le Château d'Azay-le-Rideau* (aquarelle).

Cabrol, Albertine, aux Renaudières, par Lavausseau (Vienne).

337 — *Ruines du Château de Montreuil-Bonnin.*
338 — *Paysage. Environs de Poitiers (Vienne)* (aquarelle).

Casadavant, Foedora, 9, place des Ternes, Paris.

339 — *Panneau de Roses.*
340 — *Panneau de Raisins.*

Caud, Marcel-Henri-Leonce, 14, rue Berthollet, Paris, (5e).

341 — *L'Entente cordiale ou Monsieur mon Gendre* (aquarelle)
342 — *L'Indisposition* (aquarelle).

Chateignon, Ernest, chez M. Léon Gérard, expert, 18, rue Drouot, Paris.

343 — *L'approche de l'Orage* (pastel).
344 — *Repos des Faucheurs* (pastel).

Chéron, Olivier, 1 *bis*, rue Eugène-Flachat, Paris.

345 — *Un Coin des Ruines de la Cour des Comptes* (fusain)

Collas, Paule, 6, rue du Bellay, Paris (4e).

346 — *Le Repos des Paysans, d'après les frères Le Nain.*

Déplanté-Voyot, B., 41, rue de Neuilly, à Clichy (Seine).

347 — *Nu. Femme penchée* (pastel).
349 — *Liseuse. Portrait de Mlle R. D* (dessin).
350 — *Cavaliers alpins à Vintimille* (dessin).

Dillon, Henri-Patrice, 84, boulevard Rochechouart, Paris.

351 — *Lecture* (litho originale).
352 — *Parapluies* (litho originale).

Fargue (de la), Gabrielle (pseudonyme, Gab), 8, rue des Écoles, Asnières (Seine).

353 — *Effet d'Orage. Paysage* (aquarelle).
354 — *Soleil couchant. Paysage* (aquarelle).

Fauconnier, Berthe, 13, rue des Buissons, Garenne-Colombes (Seine).

355 — Une vitrine contenant quatre miniatures :
La Tricoteuse.
Profil de jeune femme (étude).
Bébé.
Vieillard (étude).

Ferdi-Paris, Adelard, 102, rue du Quinconce, Angers.

356 — *Vieille rue à Vitré* (aquarelle).
357 — *Vue d'Antibes* (aquarelle).

Fontan, Edmond, 21, rue d'Arcachon, Bordeaux.

358 — *Châtaigniers du Bazadais* (aquarelle).
359 — *Village de Mios* (aquarelle).

Forges, Joseph, 30, avenue du Maine, Paris.

360 — *Port d'Auray* (aquarelle).
361 — *Huelgoat (Finistère)*, (aquarelle).
362 — *Marine bretonne* (aquarelle).

Fournière (de la), cité d'Antin, 4, Brest.

363 — *Un matin à Hyères* (aquarelle).

Gendron, Octave-Louis, à Cornillé, par Corné (Maine-et-Loire).

364 — *La bourrasque* (esquisse, fusain).

Germain, Henriette-Geneviève, rue de Vaugirard, 41, Paris (6e).

365 — *Chanoinesse* (pastel).
366 — *Vénitienne* (pastel).

Germain, Suzanne-Marie, rue de Vaugirard, 41, Paris (6e).

367 — *Chrysanthèmes* (aquarelle).
368 — *Panier de roses* (aquarelle).

Gœpp, Albert, 43, rue Perronet, à Neuilly (Seine).

369 — *Effet de lumière sur tête de femme* (aquarelle).
370 — *Bateau de course* (pastel).

Goury, Juliette, 53, rue Cardinet, Paris.

371 — *Panier renversé de giroflées, myosotis et narcisses* (aquarelle).
372 — *Roses trémières* (aquarelle).

Grinand, Jeanne, 133, avenue de Neuilly, à Neuilly-sur-Seine.

373 — *Les Roses* (aquarelle).

Groselande-Bodenstein, 67, rue d'Antibes, à Cannes (Alpes-Maritimes).

374 — *Tête d'enfant* (aquarelle).
375 — *Rêverie* (aquarelle).

Gruyer, Gabrielle, 61, rue Nollet, Paris.

376 — *Les Marronniers* (aquarelle).
377 — *Pêches et roses* (aquarelle).

Guerra (F. de la), 12, boulevard Saint-Michel, Paris.

378 — *Jeune Parisienne* (pastel).

Hamon, Fernand, avenue Vauban, 30, Angers.

379 — *Dans la campagne* (*Tableau de A. Lerolle, musée du Luxembourg*) (dessin à la plume).
380 — *Le lavoir de la Houle* (*Tableau de Eug. Fayet, salon de 1889*) (dessin à la plume).

Haton-Penon, Gabrielle, 5, rue Racine, Paris.

381 — *Japonaise* (aquarelle).
382 — *Souvenir de Tunis* (aquarelle).

Hildebrand, Antoinette, 71, rue Huguerie, Bordeaux.

383 — *Roses* (aquarelle).
384 — *Nature morte. Prunes* (aquarelle).

Holtz-Jourdhuy, Jeanne, 56, rue du Rocher, Paris (8e).

385 — *Raisins et pêches* (aquarelle).

386 — *Giroflées* (aquarelle).

Houdebine, René-Gustave, rue Jean-Bodin, 23, Angers.

387 — *Le Port du Croisic à marée basse* (dessin rehaussé d'aquarelle).

Joseph, Lucy, 64, rue Lafayette, Paris.

388 — *Giroflées et myosotis* (aquarelle).

389 — *Cerises et bleuets* (aquarelle).

Juguy-Huberdeau (de), Marie-Thérèse, 58, rue du Bellay, Angers.

390 — *Bourriche de Glycines* (aquarelle).

391 — *Vues d'Auvergne* (aquarelle).

Jumelet, Emile, 3, rue Jolly, Saint-Mandé (Seine).

392 — *Le calme* (*Paysage le matin*) (pastel).

Langerock, Henri, 13, avenue du Bac, à Asnières, près Paris.

393 — *Les amis du Cardinal* (aquarelle).

Laurentin, Maurice, élève de l'Ecole nationale des Beaux-Arts et de M. Redon, rue Deveau, à Cholet, 41, rue de l'Abbé-Grégoire, à Paris.

394 — *Vieilles rues d'Angers : La rue Tirejaret, la rue Donadieu-de-Puycharic. Le couvent des Pénitentes.*

Leboucher, Eugène-Edouard, rue de Bel-Air, 42, Angers.

395 — *Bretagne* (*Paysage*) (aquarelle).

Le Nail, Ernest, 186, boulevard Péreire, Paris.

396 — *Chevaux au pré* (*Concarneau*) (pastel).

Létourneau, ALBERT, 68, avenue Jeanne d'Arc, Angers.

397 — *L'Abreuvoir* (dessin au crayon).

Louvet, CAMILLE, 46, avenue Jeanne-d'Arc, Angers.

398 — *La Vanne* (pastel).

Lutscher, FERNAND, rue de la Blancheraie, 19, Angers.

399 — *Environs d'Angers* (aquarelle).
400 — *Paysage d'hiver* (aquarelle).

Manceaux, LOUIS, 2, rue Achille-Sirouy, à Beauvais (Oise).

401 — *Somnolence* (dessin).

Ménard, MARGUERITE, 73, rue du Mail, Angers.

402 — *Une rue de la Cité, la nuit* (pastel).

Ménard, VICTOR, 18, rue de Chabrol, Paris.

403 — *Rieuse* (pastel).

Meunier, RENÉ-VICTOR, rue Lepic, 59, Paris.

404 — *Fin d'hiver* (aquarelle).

Milner-Kite, JOSEPH, 17, rue Campagne-Première, Paris (14e).

405 — *Un Jardin en Bretagne* (aquarelle).

Minoggio, YSABEL, rue de Pontoise, 40, Argenteuil

406 — *Giroflées et Fleurs de prunier* (aquarelle).
407 — *Nature morte* (aquarelle).

Morel, CHARLOTTE-MARIE, rue Saint-Clément, 77, Nantes, et rue de Chabrol, 18, Paris.

408 — *Violettes et Cinéraires* (aquarelle).
409 — *Lilas blanc et roses* (aquarelle).

Morisset, Henri, 15, rue Lemercier, Paris (17e).

410 — *A la fête de Neuilly* (dessin rehaussé).
411 — *Jeu d'enfant* (pastel).

Mouren, Henry, 31, rue de Sèvres, Paris.

412 — *La Loire à Bonny* (aquarelle).
413 — *Antibes* (aquarelle).

Niers-Royère, Marguerite, 12, rue Washington, Paris.

414 — *Azalées et boules de neige* (aquarelle).

Ollivier, Félix, 30, quai du Louvre, Paris.

415 — *La passe entre Roscoff et l'Ile de Batz. Effet de Soleil couchant* (aquarelle).
416 — *Chambre de François Ier au musée de Cluny* (aquarelle).

Parys, Van-Marie, 4, rue Rennequin, Paris, et 42, rue de Fleurus, à Lille.

417 — *Lys*,
418 — *Lys* (2 panneaux d'un paravent, aquarelles).

Pavie Jean, à Gonnord (Maine-et-Loire).

419 — *Les Chiens passent* (aquarelle).

Petit, Louis, 117, rue Notre-Dame-des-Champs, Paris.

420 — *Au Pont-Neuf* (aquarelle).

Pinguet, Georges, élève de M. Lutscher, 9, place Sainte-Thérèse, Angers.

421 — *Dessins sur dix sonnets extraits de la « Chanson de l'Anjou « de A. Pinguet* (encre de chine).

Rigault, Félix-Alexandre, 18, rue de Coutances, Nantes.

422 — *Soir d'Automne* (pastel).
423 — *Lever de Lune à la pleine lune. Lever de Lune au déclin* (même cadre, pastels).

Ruel, Abel-Victor, élève de MM. Dauban-Brunclair et J.-P. Laurens, rue d'Alsace, 24, Angers.

424 — *Le Petit Pont. Bords du Loir, Seiches* (aquarelle).

Rumilly, Marie-Thérèse, 41, rue de Vaugirard, Paris (6e).

425 — *Femme en bleu* (miniature sur ivoire).

Saint-Martin, Justine-Marie, 14, rue des Lices, Angers.

426 — *Les Rives du Thouet à Montreuil-Bellay* (fusain).

Sala, Jean, 23, rue des Martyrs, Paris.

427 — *Bouderie* (aquarelle).

Salard, Céline, 72, avenue de la Grande-Armée, Paris.

428 — *Lilas* (aquarelle).
429 — *Chrysanthèmes* (aquarelle).

Sauvignier, Frédéric-Alexandre, 3, rue des Écoles, Chambéry (Savoie).

430 — *Bords de la Marne à Bisseuil* (*Marne*).

Suréda, André, 62, rue de Rome, à Paris.

431 — *La Tamise à Londres* (aquarelle).
432 — *Eglise Saint-Jacques, Dieppe* (aquarelle).

Tessier, Louis Adolphe, 88, rue Franklin, Angers.

433 — *Irréparable* (aquarelle).

Triquet, Jules, 110, boulevard Péreire, Paris.

434 — *Repos* (pastel).

Valmalète (de), Cécile, 34, rue des Martyrs, Paris.

435 — *Jardinière de Roses* (pastel).
436 — *Sur la Plage à Pornic* (aquarelle).

Varlet, Auguste-Victor, 23, rue du Chatelet, à Fontenay-sous-Bois (Seine).

437 — *La Blaise, environs de Dreux* (gouache).

Vilain, Marcel, élève de l'Ecole des Beaux-Arts de Paris, 24, rue de l'Hôpital, Paris.

438 — *Menton, Guérande* (aquarelles).
439 — *Menton, Guérande, La Baule* (aquarelles).
440 — *Menton, Guérande, Redon* et *Tiffauges* (pastels et dessins).

Wéber, Paride, Brigné (Maine-et-Loire).

441 — *Intérieur d'Atelier. Musicien amateur* (aquarelle).
442 — *Intérieur de Cuisine en Alsace* (aquarelle).

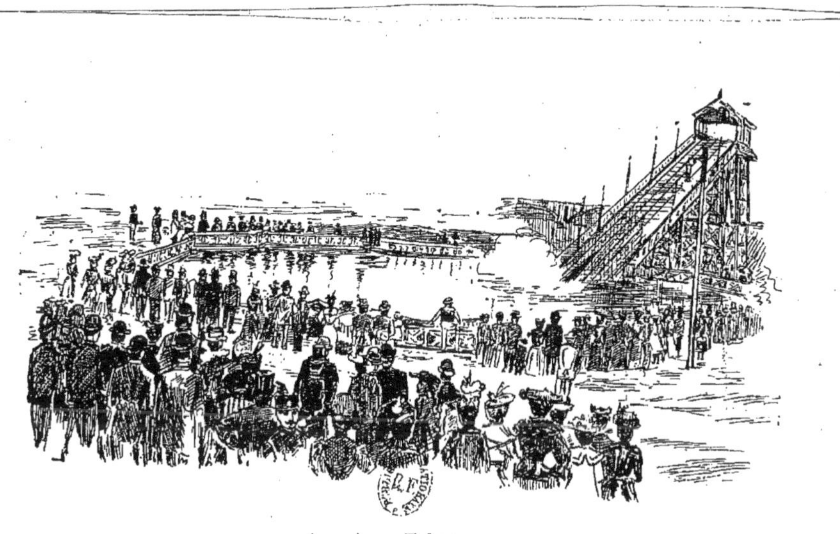

American Toboggan

SCULPTURE

Aubert, GABRIELLE, 32, rue l'Etenduère, Angers.

444 — *Portrait de M. X.* (plâtre).

Baudichon, RENÉ, 27, rue Desrenaudes, Paris.

445 *Fachoda.* —.*Récompense.* — *Noces d'argent.* — *La pêche.* — *Anciens élèves du lycée Saint-Omer.* — *Premiers pas.* — *Le Semeur.* — *Photographie.* — *L'Etude.* — *Portrait de Mme de L...* — *Portrait de M. B...* — *Portrait de Mlle L. C...* — *Portrait de Mme M...*

Baudichon, RENÉ, 27, rue Desrenaudes, Paris.

446 — *Curriculum Vitæ.*

Cordier, HENRI, 17, quai d'Anjou, Paris.

447 — *Cochon* (bronze).
448 — *Cochon* (bronze).

Coudray (DU), HENRI-AUGUSTIN-MARIE, 4, rue Racine, Nantes.

449 — *Figurines sculptées au canif dans des noix de Corozo.*
450 — *Bonbonnières* (*Noix de Corozo*).

Dufrasne, GABRIEL-JEAN-MARIE, 33, rue Bayen, Paris (17e)

451 — *Portrait de Mlle H. L.* (plaquette bronze).

Duguet, Henri, route de la Pyramide, 83, Angers

452 — *Un panneau encadré de peluche rouge représentant une branche de rosier composée d'une fleur épanouie et deux boutons d'après nature.*

453 — *Un panneau représentant une branche de marguerites composée de trois fleurs.*

454 — *Un panneau style Renaissance encadré de peluche rouge représentant deux amours ailés agenouillés sur la tête d'un Dauphin enjolivé de rinceaux et cherchant à saisir un papillon voltigeant sur un vase de fleurs.*

Faivre, Ferdinand, 39, villa d'Alésia, Paris (14e).

455 — *Le sommeil de la Nymphe.*

456 — *Psyché évanouie*

Morice, Louis, rue Franklin, 64, Angers.

457 — *Rêverie* (statuette plâtre).

458 — *Groupe de six médaillons et une vierge* (*bas-relief*) (bois).

Pasquier, Désiré, statuaire, élève de M. Bouriché, 4, rue de la Roë, Angers.

459 — *Portrait de M. Rezé* (buste plâtre).

Péhu, Auguste, élève de M. Bouriché et de l'Ecole régionale des Beaux-Arts d'Angers, rue Bernier, 37, Angers.

460 — *Portrait de M. F. T.* (buste plâtre).

461 — *Portrait de M. A. P.* (médaillon marbre)

Wéber, Paride, à Brigné (Maine-et-Loire).

462 — *Plaque du centenaire de la fondation de la Légion d'honneur* (sculpture).

GRAVURE

Ardail, Albert, 12, rue Tournefort, **Paris** (5e).

463 — *Les deux Sœurs,* d'après une miniature de l'époque Louis XVI (eau-forte).

464 — *Mme Jarre en riche costume Empire,* d'après Prud'hon (eau forte).

Chivot, Georges, 14, rue Delambre, Paris.

465 — *Les Fours à Chaux, Angers* (eau-forte).

466 — *L'étang Saint-Nicolas, Angers* (eau-forte).

Déplanté-Voyot, B., 41, rue de Neuilly, à Clichy (Seine).

467 — *Enfants jouant dans un parc* (gravure).

Laurentin, Maurice, élève de l'Ecole nationale des Beaux-Arts et de M. Redon, rue du Deveau, à Cholet et 41, rue de l'abbé-Grégoire, à Paris.

468 — *Châteaux de Vendée :*

Château du Puy-du-Fou et le château de Treize-Vents (gravure).

Profit, Georges, boulevard Saint-Germain, 28. Paris,

469 — *Vision antique,* d'après Ch. Lenoir.

470 — *L'Inspiration,* d'après Raphaël Collin, foyer de l'Opéra-Comique de Paris (gravure, eau forte et burin).

ARTS DÉCORATIFS

Bernard-Rousseau, 22, place Saint-Maurice, Angers.

471 — *Pêches et chrysanthèmes* (tapisserie).
472 — *Roses et raisins* (tapisserie).

Chérion née **Benisti**, Joséphine-Lucienne, 12, rue des Armes-Saint-Victor, à Orléans (Loiret).

473 — *Peinture Louis XV* (porcelaine).
474 — *Peinture Louis XV* (porcelaine).
475 — *Fleurs et oiseaux* (éventail).
476 — *Fleurs et oiseaux* (écran).
477 — *Fleurs et oiseaux* (écran).

Lafarge-Charma, Georgette, 28, rue des Petits-Champs, Paris.

478 — *Chardons* (coupe faïence).
479 — *Chèvrefeuille* (coupe faïence).

APPENDICE

Peinture

Denéchaud.

480 — *Maternité.*

Guay, Gabriel, 7, rue des Gardes, à Paris.

481 — *Le Vieux Moulin.*
482 — *La petite Gardeuse d'oies.*

Lévy, Benoist, Paris...

483 — *Embuscade.*

Romain, Jean, Paris.

484 — *Laveuse au baquet.*
485 — *Soleil couchant.*

Aquarelles

Pavie, Jean, Gonnord (Maine-et-Loire).

486 — *La traversée du Village* (aquarelle).

Ruel, Abel-Victor, élève de MM. Dauban, Brunclair et J.-P. Laurens, rue d'Alsace, 24, Angers.

487 — *Quai Sainte-Croix* (aquarelle).
488 — *Au Cantonnement* (aquarelle).

Sculpture

Busson, Louis, peloton spécial, à Angers.

489 — *Portrait de M. X.* (plâtre).

Cranney-Franceschi, Marie-Jeanne, 93, faubourg Saint-Honoré, Paris.

490 — *Salomé.*
491 — *Femme nue.*
492 — *Enfant.*

GROUPE III

INSTRUMENTS et PROCÉDÉS GÉNÉRAUX des LETTRES, des SCIENCES et des ARTS

Auffray, L., luthier, 39, rue Saint-Aubin, à Angers.
Pianos et instruments divers.

Bourdais, François, rue des Poëliers, 6, Angers.
Optique et divers.

Cauville, Edmond, photographe, 28, boulevard de Saumur, à Angers
Photographies.

Chromographie française, 5, rue Lamblardie, Paris (12e)
Impressions artistiques.
Gravure, photogravure, fac-similé en couleurs.

Cornu, H., 4, rue Voltaire, à Angers.
Optique et lunetterie.

Delivet, A., lutherie artistique, 10, rue de Paradis, Paris.
Violons et violoncelles.

Déplanche, P., imprimeur, passage du Caire, 67, à Paris.
Modèles d'imprimerie.

Germain et G. Grassin, 40, rue du Cornet et rue Saint-Laud, à Angers.

Ouvrages littéraires, scientifiques, catalogues, imprimés pour le commerce et les administrations, typographie, lithographie, gravure, chromolithographie.

Girard, CHARLES, relieur, rue Saint-Julien, 34, Angers.

Reliures artistiques et d'amateur.
Encadrements et dorure pour glaces et tableaux.

Hatier, ALEXANDRE, 33, quai des Grands-Augustins, Paris.

Livres d'éducation et d'enseignement. — Livres de littérature.

Joubin et **Beuchet frères**, imprimerie moderne, 24, rue du Calvaire, Nantes.

Modèles d'imprimés.

Jougla, J., Société anonyme, 45, rue de Rivoli, Paris.

Tableaux photographiques.

Lambert, photographe, à Sablé (Sarthe).

Agrandissements photographiques.

Leyet, E., 78, rue Plantagenet, Angers.

Orthopédie. — Bandages.
Instruments de chirurgie.

Mook, LOUIS, Pianos, boulevard de Saumur, 9, Angers.

Pianos, gramophones, lutherie. — Pianola-aeolian.

Robert frères, E. et A., imprimeurs, 2, quai Penthièvre, Nantes.

Imprimés divers, gravure, chromolithographies, registres, copies de lettres.

Roland, Alphonse, photographe, 22, boulevard de Saumur, Angers.

Photographies.

Serre-Calinau, rue Lenepveu, 10, Angers.

Agrandissements photographiques.

Sporck, Adrien, 48, rue Cambon, Paris.

Albums de musique.

Sporck, Georges, 26, rue Grange-Batelière, Paris.

Ouvrages d'enseignement musical pour le piano.

Zund-Burguet, Adolphe, 1, rue de Stockholm, Paris.

Appareils pour l'enseignement de la parole aux muets.

Appareils pour la correction des défauts de prononciation.

Appareils pour le traitement physiologique de la surdité, etc.

GROUPE IV

MATÉRIEL et PROCÉDÉS GÉNÉRAUX de la MÉCANIQUE

Bazin, Eugène-Louis, ingénieur-directeur de l'Association des propriétaires d'appareils, 3, rue de Bréa, Nantes (Loire-Inférieure).

Un clapet automatique d'arrêt de vapeur, à bague et à piston.

Une soupape de sûreté à grand débit et faible charge.

Bosseau, H., *constructeur*, à Gesté (Maine-et-Loire).

Un moteur à pétrole, système Gardrier.

Deux pompes à main et moteur.

Bourdais, Alfred, ajusteur-mécanicien, 8, rue de la Chalouère, Angers.

Une petite machine à vapeur avec son générateur.

Compagnie française de ventes automatiques, 115, rue Réaumur, Paris.

Appareils automatiques.

Daveau, Georges, 12, rue Bodinier, Angers.

Moteurs Duplex.

Dubois et Cie, 58, rue du Gazomètre, Tours.

Machines pour Tuileries et Briqueteries.

Ecole nationale d'Arts et Métiers, à Angers.

Une machine à fraiser horizontale. — Deux vérins. — Modèles en bois de machines à fraiser, de machine à percer à forets hélicoïdaux, et de quelques pièces détachées. — Une série de pièces de forges. — Un bâti en fonte brute.

Etablissements Laboulais, boulevard de Nantes, à Angers.

Moteur à vapeur perfectionné pour haute pression et surchauffe (système Koszul). Générateur de vapeur semi-tubulaire à foyer intérieur, à circulation active avec indicateur de niveau (système Laboulais). — Treuils, coupeuses d'ardoises, perforatrices portatives, machines à fabriquer les pelotes de ficelles, etc.

Fenaille et Despeaux, 11, rue du Conservatoire, Paris.

Huiles et essences minérales.

Libaudière frères, Maufra et Cie, ingénieurs-constructeurs, à Nantes.

Une locomobile.

Un treuil à vapeur.

Lotz (fils de l'aîné), ingénieur-constructeur, Nantes.

Une locomobile.

Une batteuse à grand travail.

Mouchebœuf, Jules, 29, boulevard de la Liberté, Le Perreux (Seine).

Huiles, graisses industrielles et courroies.

Nassivet et Cie, 17, quai Baco, à Nantes.

Une locomobile Compound à vapeur.

Divers moteurs à pétrole.

Société française de matériel agricole et industriel, à Vierzon (Cher).

Une locomobile de 6 chevaux.

Une batteuse de $1^{m}60$ à double nettoyage N. M.

Un moteur horizontal à essence, de 4 chevaux.

Thomine, Edmond, administrateur-directeur des fonderies et ateliers de la Courneuve, 6, rue Laferrière, à Paris.

Une chaudière Babcock et Wilcox de 150 mq de surface de chauffe avec surchauffeur et grille mécanique.

GROUPE V

ÉLECTRICITÉ

Bénard, L., 11, boulevard Montmartre, Paris.
Lampes électriques à arcs.

Ponsolle, Léon, 30, boulevard de Saumur, à Angers.
Appareils et machines électriques et électro mécaniques.

GROUPE VI

GÉNIE CIVIL et MARITIME
MOYENS de TRANSPORT

Ansart, L., architecte, 7, avenue de Saint-Mandé, Paris (12e).

Un châssis grand module : Restauration et agrandissement de château.

Un châssis grand aigle : Restauration et agrandissement de château.

Bertin, Auguste, entrepreneur, à Vezins (Maine-et-Loire).

Monument funéraire en granits de Vezins.

Bonvous, président du Cours professionnel de couvertures d'Angers, rue Cordelle, 5, à Angers.

Travaux graphiques et mensuels de l'École professionnelle de couvertures.

Boutvin, A., architecte-paysagiste, rue de Brissac, 10, Angers.

Plans de parcs et jardins.

Boyer, Ed., maison Focquereau-Lenfant et Boyer, 25, rue Saint-Léonard, à Angers.

Aquarelles de plans de parcs et jardins.

Brandilly, Arsène, 38, rue Pré-Pigeon, et **Amory** Ch., 21, rue Saint-Aignan, à Angers.

Un ouvrage manuscrit intitulé : « L'École de couverture en ardoises ou Traité de coupe et de pose des ardoises. »
Un cahier de texte et un album de dessins.

Callard, Louis, 12, rue Hoche, à Angers.

Un carrelage, exposition de l'U. V. V. A.

Debernardy, A., 12, boulevard du Château, Angers.

Carrelages, bassins, tuyaux en ciment et divers.

Declère, I., directeur au Comptoir général de vente des Manufactures de glaces de Saint-Gobain, Chauny et Cirey; Récquignies et Jeumont; Anichel; Boussois. 8, rue Boucry, Paris.

Section des cuves à vin avec revêtement en verre. — Verres armés. — Verres à reliefs pour toitures. — Verres imprimés et diamantés. — Dalles brutes unies, quadrillées et à dessins, pour parements.

Desfontaine, L., à Nantes.

Chaux hydraulique, ciment et produits en ciment.

Douet, Joseph, charpentier, rue Pierre-Lise, 13 bis, Angers.

Un morceau de charpente.
Ensemble du morceau.
Raccord de bois droit et bois croche avec pénétration et flèche torse.

Duval, A., et Cie, rue Lanoue-Bras-de-Fer, 23, Nantes.

Marbre artificiel. — Pierres creuses, agglomérés.
Machines à fabriquer pierres creuses, briques, tuiles en agglomérés, etc.

Fleury, Louis, rue d'Eauplète, à Sotteville-lès-Rouen.

Tuiles métalliques spéciales pour constructions légères et agricoles.

Fontaine-Souverain, Denis, constructeur, à Dijon (Côte-d'Or.)

Échelles à coulisses « la Dijonnaise », système déposé S. G. D. G., mouvement en fer forgé sans aucun ressort.

Flocon et Cie, 10, rue Monteil, Nantes.

Matériaux pour constructions et appareils pour constructions de pierres.

Foucard, Eugène, charron, à Morannes (Maine-et-Loire).

Objets de charronnage.

Fouché, Jules, boulevard de Nantes, 23, Angers.

Pièces vélos.

Grégoire, représentant de la maison Clément, boulevard Ayrault, Angers.

Automobiles et cycles,

Guesnon, E., peintre, 1, place de la Visitation, Angers.

Enseignes.

Lacroix, Auguste, bourrelier, place Monprofit, 18, Angers.

Deux colliers pour chevaux (système « Auguste Lacroix »).

Lecoindre, Jean, briques, Le Fuilet (Maine-et-Loire).

Briques rouges pour constructions.

Lecomte aîné, carrossier, aux Ponts-de-Cé.

Matériel roulant agricole.
Carrosserie de commerce.

Lemercier, Léon, carrossier, rue Thiers, à Angers.

Matériel roulant agricole.

Carrosserie de commerce.

Leroux, Eugène, faubourg Saint-Michel, 106, Angers.

Un cadre mosaïque.

Menet, Émile, carrossier, rue de Paris, 35, Angers.

Voitures de luxe.

Neveu, Ch., 51, rue Baudrière, Angers.

Cycles et accessoires d'automobiles.

Paquis, Eugène, sellier, 61, 63, rue Bichat, Paris (10e).

Collier ordinaire et mécanique s'allongeant et se raccourcissant.

Collier isolateur nouveau, 1904, pièces de rechange.

Collier « Arcos», avec garrot en acier, s'allonge et se raccourcit (1903).

Parenteau-Chéné et fils, entrepreneurs de charpente et menuiserie, boulevard Ayrault, 18, Angers.

Chalet de la Publicité.

Stores, treillages, décoration en bois découpé.

Pittard, Léon, carrelages, mosaïques, Nantes, 37, rue du Maine.

Carrelages, mosaïques.

Roujoux, Auguste, produits réfractaires, à Vihiers (Maine-et-Loire).

Terre cuite. — Briques rouges. — Produits réfractaires.

Thomazeau, Eugène, carrelages, mosaïques, La Forêt-sur-Sèvres (Deux-Sèvres).

Carrelages mosaïques en ciment comprimé.

Urseau, Joseph, charron, à Angers-Frémur.

Deux charrettes. — Un tombereau. — Deux pressoirs.

Vessat, Julien, entrepreneur, en face le cimetière Saint-Georges, à Périgueux (Dordogne).

Deux cercueils en beton armé.

Un grand, pas décoré, tel qu'il sort du moule.

Un cercueil d'enfant, fini

Vivien, Auguste, ouvrier charron, Bergerac (Dordogne).

Objets de charronnage

Union Voile et Vapeur d'Angers, 6, place du Ralliement, à Angers

Pavillons, plans, block-modeles, coupes, médailles et sujets nautiques

---

GROUPE VII

AGRICULTURE

Baudrier-Létourneau, horticulteur, 2, rue de l'Aiguillerie, à Angers.

Soufre composé pour les maladies de la vigne : l'oïdium, le mildiou, le black-rott, l'entracnose, la cochylis pour colk du pêcher et rosier.

Béniou-Dupuy, pressoirs, à Beaulieu (Maine-et-Loire).

Pressoirs rotatifs « Idéal », futailles et pompes à soutirer.

Bosseau, H., constructeur, à Gesté (Maine-et-Loire).

Biberons à élever les veaux.

Carrié, L., propriétaire-éleveur, à Léry (Eure).

Poulailler et clapiers.

Corre et Penanhoat, industriels, à Guingamp (Côtes-du-Nord).

Une batteuse à pétrole.

Delaunay, 8, rue Baleschoux, Tours.

Bouillie « La Tourangelle », brevetée S. G. D. G., à éléments constitutifs séparés.

« Le Vitiphile », soufre liquide concentré contre l'oïdium.

« L'Express-Solution », bouillie liquide à base d'eau de cuivre ammonical.

« Tue-chenilles ».

Diard, rue du Mail, 72, à Angers.

Stores et treillages.

Froger, Élie, constructeur, à Feneu (Maine-et-Loire).

Machines agricoles.

Garin, Edmond, ingénieur-constructeur, Cambrai (Nord).

Écrémeuses centrifuges et appareils de laiterie.

Godefroy, A., 2, rue Dacier, Angers.

Engrais chimiques.

Guéry, Joseph, constructeur, Chatillon-sur-Sèvre (Deux-Sèvres).

Barattes à beurre.

Guitteau frères, à Cornillé (Maine-et-Loire).

Ruches d'abeilles.

Hégu, Louis, place du Pilori, 11, à Angers.

Pompes, alambics, moteurs, manèges, modèles de tubes pour puits, outillage de sondages et de forages, instruments d'agriculture, soufreuses, pulvérisateurs, écrémeuses, etc.

Jacquemin, Georges, fondateur de l'Institut des recherches scientifiques et industrielles, à Malzéville, près Nancy (Meurthe-et-Moselle).

Levures pures sélectionnées pour la fermentation et l'amélioration des vins aux vendanges et pour la fermentation des cidres.

Jullian frères, bouillie bordelaise, à Béziers (Hérault).

Bouillie bordelaise « Céleste ».

Soufreuses, poudreuses.

Justeau, 28, rue Beaurepaire, à Angers.

Articles de cave.

Lasmolles et R. de la Faye, 5, cours Saint-Louis, Bordeaux.

Filtres à vins et spiritueux « Le Girondin ».
Pulvérisateur « Automatic ».
Soufreuse « Comète ».
Raidisseurs « Nujos ».
Pompes « Vitis ».
Microcolle et clarifiant « Lumen ».

Leblanc (V.-L.) **et Cie**, négociants, 10, rue Lanoue-Bras-de-Fer, Nantes.

Engrais chimiques.

Lefort, Camille, fabricant de produits chimiques, à La Rochelle (Charente-Inférieure).

Bouillie bordelaise la « Sans-Rivale ».

Loosveldt (C.) **et Cie**, laiterie du Sartel, 299, boulevard de Beaurepaire, à Roubaix (Nord).

Beurres.

Martin et Cie, articles de caves, 17, rue de la Roë, à Angers.

Pompes à vins, cidres, etc., machines à boucher les bouteilles, appareils de soutirage, ferblanterie de caves, etc.

Monnier, Théophile, pompes, rue de Frémur, 68, Angers.

Pompes à chapelet.

Pasquier, Xavier, industriel, à Cersay (Deux-Sèvres).

Faulx, faucilles et rasoirs invincibles.
Trésor du faucheur et outils pour agriculteurs.

Peignon, I., clôtures économiques, 4, boulevard de la Liberté, à Doulon, Nantes.

Clôtures économiques, B. S. G. D. G.
Claies à ombrer.
Treillages décoratifs.

Pilon, Buffet, Durand-Gasselin et Cie, engrais, Chantenay-sur-Loire (Loire-Inférieure).

Os et dérivés. — Noir animal. — Suif d'os. — Boutons d'os. — Colles et gélatines. — Acides. — Engrais et produits chimiques agricoles.

Praud, Léon, 6, quai Ernest-Renaud, Nantes.

Pompes et ouvre-boîtes à conserves.

Savignard, H., mécanicien, à Montrieux, commune de Naveil (Loir-et-Cher).

Un fouloir à vendanges, monté sur pieds (modèle déposé).

Simon frères, industriels, à Cherbourg.

Broyeurs. — Fouloirs. — Pressoirs. — Écrémeuses. — Barattes. — Malaxeurs. — Aplatisseurs. — Concasseurs et manèges.

Société des pierres à faulx des Pyrénées, à Oust (Ariège).

Pierres à faulx.

Thuau, A., 9, quai Ligny, Angers.

Pièces de construction pour instruments et machines agricoles.

Tulasne-Loiseau, charron-forgeron, à Beaufort-en-Vallée (Maine-et-Loire).

Pressoirs.

Usureau et Chamaillé, mécaniciens, à Ingrandes-sur-Loire. (Maine-et-Loire).

Une machine à broyer le chanvre et le lin.

Vautier frères, constructeurs, à Louviers (Eure).

Ustensiles pour laiteries, beurreries, fromageries, caséineries, etc., etc.

GROUPE VIII

HORTICULTURE et ARBORICULTURE

Baudrier (I.) **fils jeune**, pépiniériste, rue de l'Étenduère, Angers

Plantes conifères.

Arbres fruitiers

Blot et Bonneau, serruriers-constructeurs, 13, rue du Canal, à Angers.

Une serre hollandaise avec son chauffage et une serre adossée avec soubassement formant murette, carcasse en fer à vitrage

Bourcier, horticulteur, rue de Rivoli, Angers.

Plantes variées.

Cesbron, I., négociant en graines, rue Gutemberg, Angers.

Plantes fourragères

Chédanne, René, chemin du Haut-Pressoir, à Angers.

Oignons à fleurs

Cochin, Armand (veuve), 12, place des Halles, à Angers.

Deux statues en fonte.

Un kiosque et stores.

Coquereau, rue du Quinconce, 24, Angers.

Fusains verts et panachés.

Ebel, Marcel, 10, route des Ponts-de-Cé, à Angers.
Plantes à massifs variées.

Landais, Louis, horticulteur, aux Ponts-de-Cé.
Collection iris kaempféri.

Lepage, E., rue Chèvre, 21, Angers.
Rosiers tiges en pots.
Vignes, raisins de table et divers.

Leroy, Louis, pépiniériste, rue de Paris, Angers.
Plantes vivantes.

Massicot, horticulteur, route des Ponts-de-Cé, 69, Angers.
Plantes diverses.

Molland, E., paysagiste, chemin des Banchais, 7, à Angers.
Deux bancs rustiques en ciment.

Morin, L., horticulteur, 5, rue Rabelais, Angers.
Plantes à masisfs et anémones variées.

Mulot, Joseph, horticulteur-pépiniériste, chemin du Vivier, à Angers.
Arbustes.
Conifères.

Négrier, Maurice, tonnelier, 12, rue du Temple, Angers.
Bacs pour plantes.

Perrault-Audusson, pépiniériste, rue de Brissac, 59, Angers.
Palmiers, arbres verts, houx.

Ragot, Georges, horticulteur, rue Saint-Léonard, 74, Angers.
Plantes vivaces de pleine terre.

Rapin, horticulteur, rue Cubain, à Angers.

Un massif plant
Un massif anthémises.
Deux massifs héliotrope.
Quatre massifs coleus.

Syndicat mixte des Jardiniers, à Angers.

Fleurs et plantes variées.

Société civile des Pépinières André Leroy, 186, rue de l'Étenduère, Angers.

Conifères variés.

Thomas, Maurice, horticulteur, rue Éblé, 24, à Angers.

Collection de géraniums variés.

Touchet frères, 18, rue des Quinconces, à Angers.

Kiosques à jardins.
Portique décoratif du Mail.

GROUPE IX

FORÊTS, CHASSE, PÊCHE, CUEILLETTES

Bessonneau, administrateur de la Société des Filatures, Corderies et Tissages d'Angers, à Angers.

Fils et ficelles en tous genres et articles de corderie ; Ficelles pour moissonneuses-lieuses ; Câbles en chanvre et en manille ; Câbles métalliques ; Toiles à voiles et toiles diverses en chanvre, en lin et en coton ; Tuyaux et seaux en toile ; Filets de pêche de toutes sortes ; Dragues en manille et en chanvre pour chalutiers à voile et à vapeur ; Filets à provisions ; Hamacs ; Jeux de tennis et de croquet ; Jeux de jardin et de plage ; Agrès de gymnastique.

Biat, Jean-Louis, naturaliste, impasse du Pas-Saint-Georges, 2, à Bordeaux.

Oiseaux divers formant rocaille en carton-pierre.

Coutolleau, Auguste-Louis, armurier, boulevard de Saumur, 6, à Angers.

Armes, munitions.
Articles de chasse.

Gaugain, Paul, ouvrier tonnelier, à Beaufort-en-Vallée (Maine-et-Loire).

Un foudre ovale
Un foudre rond

Georgin, J., 18, rue Boisnet, à Angers.
Articles de pêche.

Lemonnier, A., *place de la République, 4, Angers.*
Articles de vannerie fabriqués dans ses ateliers.

Rondeau, Paul, rue Pré-Pigeon, Angers.
Chalets et produits manufacturés.
Applications diverses du bois.

GROUPE X

ALIMENTS

Allavant, représentant de la maison Desust, de Paris, rue Lenepveu, 18, Angers.

Cafés, thés, chicorée, etc.

Baranger, Louis, vins en gros, rue Hoche, Angers.

Vins, apéritifs, liqueurs.

Barré, Isidore, fabricant de fromages, à Champsecret (Orne).

Fromages camemberts.

Bazantay, propriétaire, à Pont-Boursault, par Thouarcé (Maine-et-Loire).

Vin blanc 1898, 1899, 1900, 1901, 1904, 1905.

Bénion-Dupuy, à Beaulieu (Maine-et-Loire).

Futailles et pompes à soutirer.

Bideau, Jules, rue de l'Étenduère, 12, Angers.

Confitures.

Birau et Papin, constructeurs, boulevard Henri-Arnault, 16 bis, Angers.

Un trieur de braises incandescentes.

Blain, André, directeur d'assurances, 21, rue Béclard, à Angers.

Vin blanc 1905.

Blanchet, Constant, fabricant de fromages à Dompierre (Orne).

Fromages Camembert.

Blond, Ernest, charcutier à Chalonnes-sur-Loire (Maine-et-Loire).

Pâté « l'Express Paste ».

Boissard (Vicomte de), propriétaire, au château de la Chauvière, par Saint-Georges-sur-Loire.

Vin blanc 1893, 1900, 1905.
Vin rouge 1904.

Bossuet-Berthelot, vins et spiritueux, à Grèz-en-Bouère (Mayenne).

Eaux-de-vie de cidres et de vins.
Cidres.

Bourtault, Charles, distillateur, rue Lyonnaise, 64, Angers.

Triple-sec, guignolet, cherry-brandy. — Liqueurs de framboise et Madeleine. (Liqueurs spéciales de sa fabrication.)

Breysse, Claude, distillateur, à L'Arbresle (Rhône).

Quina, gentiane, citron des gourmets. — Élixir de verveine des Indes.

Brissac (duc de), propriétaire à Quincé-Brissac (Maine-et-Loire).

Vin blanc 1900, 1905.

Brisset (Joseph), **et Cie**, épicerie en gros, rue Thiers, 3. Angers.

Produits alimentaires : sucre, café, chocolat, thé.

Brucher, Henri, distillateur, à Chartres (Eure-et-Loir).

Liqueurs, sirops, esprits, infusions, eaux-de-vie, fruits à l'eau-de-vie.

Butler (de), propriétaire de l'élevage de Kermaria-Manoir, près Villefranche de Rouergue (Aveyron).

1° Conserves alimentaires (ailes de dindes, cuisses de dindes, pâtés de lapins, ballotines de poulardes, poulets truffés).
2° Volailles mortes (poulets).
3° Beurre de table.

Burgelin, E., directeur de la Société des Grandes Brasseries et Malterie E. Burgelin, rue Joseph-Cholet, à Nantes.

Bière en bouteilles et en fûts.

Caillaud, capsules métalliques, à Pont-Fouchard, Saumur.

Capsules métalliques pour le surbouchage des bouteilles.

Carde (G.) **et fils et Cie**, 33, quai de Queyries, à Bordeaux.

Meuble glacière pour bouchers et charcutiers.

Chabé, cidres, rue Amiral-Nielly, Brest.

Cidre.

Chauveau, Prosper, 16, rue Pierre-Lise, à Angers.

Huiles comestibles.

Clacquesin, Paul, distillateur, 3, rue du Dragon, Paris.

Apéritif Clacquesin (goudron hygiénique).

Cointreau fils, distillateur, Angers.

Triple-Sec Cointreau. Guignolet d'Angers. Liqueurs diverses.

Crozals (de) père, CYPRIEN, 12, rue Fabrégat, à Béziers (Hérault).

Vin rouge, vin blanc et alcool de vin à 50° et 86°.

Dagnaud (F.-A., propriétaire de vignobles, à Saint-Loubès (Gironde).

Vins rouge et blanc de ses propriétés (domaines de Badailh et de Ferraud.)

Dauverné, boulanger, rue Saint-Aubin, 27, Angers.

Pain sans mie. — Étoile de mer Kogloff. — Pain aux pommes de terre.

David, HENRI, distillateur, rue de Paris, Le Mans (Sarthe).

Liqueurs diverses de sa marque.

Delaporte, vins et spiritueux, à Fauville (Seine-Inférieure).

Vins et liqueurs.

Derouet-Jamet, vins en gros, La Guerche de Bretagne (Ille-et-Vilaine).

Eaux-de-vie de cidre (cru Vissèche).

Desjardins, ALBERT, fromages, à Sainte-Marguerite-de-Viotte (Calvados).

Fromages petits « Livarot », dits Lisieux.

Dumas, boulanger, 2, rue Chaussée Saint-Pierre, à Angers.

Pain et produits au gluten.

Durbecé, C., vinaigres, 2, boulevard de Laval, Angers.

Vinaigres concentrés, vinaigres vinés, vinaigres d'alcool à base de vin, vinaigre pur vin d'Anjou, vinaigre demi vin, etc.

Dussaix frères et Héritiers-Saubens, à Kerrata (Algérie).
Câpres algériennes.

Etablissements Poulenc frères, 92, rue Vieille-du-Temple, Paris.
Produits œnologiques.

Ferré-Hamon, propriétaire, rue du Quinconce, 7, à Angers.
Vin blanc 1881, 1893, 1904.

Foubert-Alleaume, négociant en épicerie, place des Halles, Angers.
Café, chocolat, thé, vanille.
Articles d'alimentation, liquides.
Vins et eaux-de-vie.

Fouquet, Louis, boulevard de Saumur, 17, Angers.
Produits diabétiques. — Croustils à base d'avoine. — Pains de Gluten. — Billes à potage.

Fournier, A., propriétaire à Vauchrétien, par Brissac (Maine-et-Loire).
Vin blanc de 1893, 1900, 1904, 1905.

Frémy fils, distillateur, à Chalonnes-sur-Loire (Maine-et-Loire).
Liqueurs, sirops, fruits, etc.

Gasnier, propriétaire, à Souzay, par Saumur.
Vin blanc 1893.
Vin rouge 1900.

Grandlaunay (Raoul du), propriétaire, château de la Herpinière, par Montsoreau (Maine-et-Loire).
Vin blanc 1894.
Vin rouge 1904.

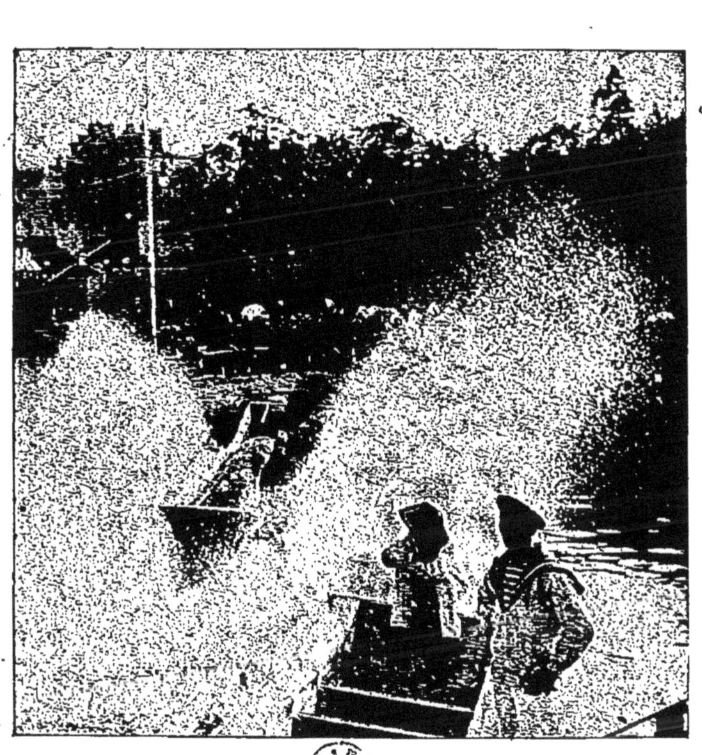

American Toboggan

CHUTE DU BATEAU

Griffon, Papillon et Cie, conserves alimentaires, à Cholet (Maine-et-Loire).

Conserves alimentaires. — Conserves de viandes pour l'armée; Gibiers.

Grillon jeune, Fabrique d'articles de caves, 21, rue Gambetta, à Saumur.

Une pompe à vin et les accessoires.
Une machine à boucher.

Gruber et Cie, brasseurs à Melun (Seine-et-Marne).

Bière.

Guéry et Rayer, distillateurs, boulevard du Château, Angers.

Liqueurs diverses. Guignolet. Cherry, etc.

Hacault, viticulteur, à Montreuil-Bellay (Maine-et-Loire).

Vin blanc 1884, 1901, 1904.

Hamon-Chouteau, propriétaire au Breuil, commune de Beaulieu (Maine-et-Loire.)

Vin blanc 1875, 1881, 1884, 1885, 1887, 1893, 1900, 1901, 1904, 1905.
Vin rouge 1884, 1887, 1900, 1904.

Huau, André, propriétaire à Montbenault, commune de Faye (Maine-et-Loire).

Vin blanc 1887, 1904.

Jobard, Lucien, distillateur à Langres (Haute-Marne).

Anisette Langroise.

Justeau, 28, rue Beaurepaire, Angers.

Articles de caves.

Juc, A., vins et spiritueux en gros, à Luneray (Seine-Inférieure).

Eaux-de-vie de cidre.

Karcher et Cie, brasseurs, rue des Pyrénées, 139, Pari
Bière.

Kiehl, propriétaire, au Moulin-d'Ivray-Étriché (Maine-et-Loire)
Vin blanc 1900, 1904.

Lacretelle (Mme la générale), au château de Molière, à Beaucouzé (Maine-et-Loire).
Vins blancs.

Lajeunie fils, A. et F., **Robineau et Cie**, conserves alimentaires, à Eymet (Dordogne).
Pâtés de foie gras truffé. Conserves diverses.

Lasmolles et R., **de la Faye**, 5, cours Saint-Louis, Bordeaux.
Filtres à vins et spiritueux.

Lay et Sohn, à Friburg, J. Baden (Allemagne).
Kirsch de la Forêt noire.

Ledemé, E., conserves alimentaires, Le Mans (Sarthe).
Conserves, légumes et viandes.

Legoux, Alphonse, place Dumont d'Urville, à Condé-sur-Noireau (Calvados).
Andouilles à la mode de Vire.

Lenormand, Henri, 11, rue Poullain-Duparc, à Rennes (Ille-et-Vilaine).
Produits de la biscuiterie : pâtes sèches, biscuits, gaufrettes.

Leroyer (Mme), propriétaire, 18, rue de Brissac, à Angers.
Vin blanc 1900, 1901, 1904, 1905.

Leynier, Alfred, vins en gros, Saint-Émilion (Gironde).
Vins.

Lillet frères, distillateurs, à Podensac-Bordeaux.
Kina Lillet, au vin blanc de Sauternes.

Lorin, propriétaire, 8, quai des Carmes, à Angers.
Vin blanc 1900, 1901, 1904.

Malvezin, articles de caves, à Bordeaux.
Articles de caves.

Mandon, A., fabricant de conserves, à Étel (Morbihan).
Sardines et thons à l'huile.

Mauhorat, A., 12, rue Argenterie, à Bayonne (Basses-Pyrén.).
Vin rouge Virelade.
Vin blanc Virelade.

Maresquier, Albert, pâtisserie, 8, boulevard de Saumur, Angers.
Deux pièces confiserie.
Palais des Arts Libéraux, Cathédrale de Chartres en pastillage.

Marnier, H., 2, rue de Rohan, à Rennes (Ille-et-Vilaine).
Tripes à la mode de Caen.

Massignon, président de l'Union des Viticulteurs, propriétaire à Saint-Lambert-du-Lattay (Maine-et-Loire).
Vin blanc 1893, 1900, 1904,
Vin rouge 1904.

Menou-Moreau, fabrique d'huiles, 45, rue Saint-Jacques, à Angers.
Huiles et tourteaux.

Méric, Jean, négociant, à Chantenay-sur-Loire. (Loire-Inf.)
Rhum Améric.

Meunier frères, 152, rue de Vaugirard, Paris.

Chocolat Meunier frères. — Cacaos. — Instantané.

Mignot, propriétaire, à Belle-Rive, par Rochefort-sur-Loire. (Maine-et-Loire).

Vin blanc 1900, 1901, 1904.

Monti (vicomte de), propriétaire, château des Mines, par Doué-la-Fontaine (Maine-et-Loire).

Vin blanc 1893, 1900, 1904.

Moreau et Brunet, huiles, 16, route de Nantes, Angers.

Huiles et tourteaux.

Muller, Henri, distillateur, à Vesoul (Haute-Saône).

Fraise « Sybel ».

Normandière, propriétaire, à Brain-sur-l'Authion (Maine-et-Loire).

Vin blanc 1893, 1900.

Oger-Bascher, propriétaire à la Fresnaye, commune de Saint-Aubin-de-Luigné.

Vin blanc 1893, 1900, 1904, 1905

Pelé, A., place du Ralliement, Angers.

Comestibles. Vins de ses propriétés.

Pichot et Douillard, 38, place Lyonnaise, Angers

Appareils de meunerie.

Picon et Cie, 5, rue Serr, Bordeaux.

Amer Picon.

Praud, Léon, 6, quai Ernest-Renaud, Nantes.

Ouvre-boîtes à conserves.

Priet, propriétaire, 4, rue Saint-Laud, à Angers.
Vin blanc 1900.

Pucelle, Ernest, chaudronnier-mécanicien, à Saumur (Maine-et-Loire).
Alambics à distiller les vins et les fruits.
Pompes.

Remère (Veuve), 5, rue Saint-Maurille, Angers.
Appareils pour construction de fours de boulangers et pâtissiers et ustensiles de boulangerie.

Rosin, François, 11, avenue Besnardière ; 5, rue Lebon, Angers.
Vins blancs du domaine Saint-Jean, Huillé (Maine-et-Loire).
Liqueurs diverses de sa fabrication.

Saint-Martin (de), Philippe, propriétaire, 14, rue des Lices, à Angers.
Vin blanc 1904.
Vin rouge 1893, 1904.

Sécher, Octave, propriétaire, à Montjean.
Vin blanc 1901.
Vin rouge 1901.

Simoneton, Emmanuel, 41, 43, rue d'Alsace, Paris.
Appareils à filtrer les vins, alcools, huiles, produits chimiques, etc., à plateaux, à disques avec serrage facultatif, et le Phénix à grande surface filtrante. Manches et tissus à filtrer. Tuyaux et seaux en toile pour l'arrosage et l'incendie.

Société anonyme de la Raffinerie A. Sommier, 145, rue de Flandre, à Paris.
Sucres raffinés en pains, plaquettes, cassés, réguliers, etc.

Taunay, Eugène, propriétaire de vignobles, à Précigné (Sarthe).

Vins mousseux 1900, 1904.
Vins naturels 1893, 1900, 1904.

Thiénot, propriétaire, 3, rue Saint-Blaise, à Angers.

Vin blanc 1901.

Union des Viticulteurs de Maine-et-Loire, à Angers.

Vins rouges et blancs.

Vanier, C., Vins et eaux-de-vie, à Gueuguon (Saône-et-Loire).

Vins.

GROUPE XI

MINES, MÉTALLURGIE

Boulay, Albert, 1, rue Montaigne, à Angers

Une serrure.

Danton, Jacques-Désiré, Minérais, à Neuilly-sur-Seine (Seine).

Minerais de fer et fossiles.

Ecole nationale d'Arts et Métiers, à Angers.

Une machine à fraiser horizontale. — Deux verins. — Modèles en bois de machine à fraiser, de machine à percer à forets hélicoïdaux, et de quelques pièces détachées. — Une série de pièces de forges. — Un bâti en fonte brute.

Giraudet, A., industriel, rue du Commerce, 3, au Chesnaye (Seine-et-Oise).

Deux cribleurs articulés mobiles

Guiot, Baptiste, maréchal-ferrant, à Roussay (Maine-et-Loire).

Collection de fers à cheval

Laigle (Veuve) **et Etienne**, H., 8 bis, boulevard de Saumur, An

Pièces de fonderies en cuivre. bronze, nickel, aluminium et z

Moulages industriels et artistiques. Robinetterie, pompes, cuivrerie diverse, plaques, inscriptions en zinc fondu.

Lefrère, Henri, à Yzernay, par Maulévrier (Maine-et-Loire).

Fers à cheval.

Libeau et Pouplard, 12, rue Maillé, à Angers.

Machines diverses.

Pelladeau, Émile, ajusteur-mécanicien, rue de la Chalouère, 4, Angers.

Une boîte d'outils d'ajusteur.
Une tête de bielle de machine à vapeur.
Un toc mobile.

Pineau, Louis, rue de la Poissonnerie, 13, à Angers.

Bascules.

Maillard, Timothée, maréchal-ferrant, à La Membrolle (Maine-et-Loire).

Un tableau de fers à cheval.

Métais, Alexandre, fondeur, Cholet (Maine-et-Loire).

Roues agricoles en fer et fonte.

Roues fonte. Talons et écamoussure de brabants. Poids en fonte à peser.

Raymondière, Alfred, constructeur, rue des Récollets, 4, Nantes.

Barreaux de grilles avec appareils pour le décrassage (système Raymondière).

Rochereau, entrepreneur de serrurerie, 24, rue Maillé, à Angers.

Pressoirs à vendange. Casiers à bouteilles. Grilles fer forgé.

Travaux d'art ferronnerie.

Roue avec moteur électrique pour enfants.

Société métallurgique de Montreuil-Belfroy, Angers.

Machines à pointes. — Fil de fer. — Pointes.

Société minière de l'Hérault, à Clermont-l'Hérault (Hérault).

« Épurantite » nouvelle matière épurante naturelle du gaz d'éclairage.

GROUPE XII

DÉCORATION, MOBILIER et ACCESSOIRES

Angebault, Émile, fabricant de briques, à Ancenis (Loire-Inférieure).

Briques, tuiles, carreaux, poteries, tuyaux, boisseaux, vases, ornements, terre cuite, etc.

André, L. **et ses fils**, 46, rue Paul-Bert, à Angers.

Meubles, ameublement, etc.

Arthot, François, 121, cours Saint-Jean, Bordeaux.

Une petite rampe d'escalier en bois.

Divers modèles de main courante.

Barrau et fils, constructeurs, à Baud (Morbihan).

Appareils à acétylène.

Bécheler, Baptiste, décorateur, 8, rue Charles-Guinot, à Tours (Indre-et-Loire).

Décorations diverses, imitation de bois et marbre.

Benéteau, André, charpentier, rue Guérin, 6, à Angers.

Un escalier double évolution, dit onglet, au 1/10 d'exécution.

Blanc, Eugène, peintre décorateur, 5, rue Guitet, Angers.

Quatre petits bas-reliefs décorés.

Bouygue, Eugène, rue Canihac, 27, à Bordeaux.

Modèle de fourneau de cuisine à gaz pour café.

Clamens, J., peintre verrier, 1, boulevard du Roi-René, Angers.

Un vitrail pour jardin d'hiver (fleurs, genre moderne, en couleurs).
Un vitrail pour salon (Idylle en grisaille et or Louis XVI).

Cochet, Daniel, peintre décorateur, à Tours.

Trois panneaux décoratifs (faux bois et marbre).

Delestre, Joseph, 21, place Molière, Angers.

Verres à vitres, glaces pour installation de magasins et bâtiments.
Vitrines d'étalages et enseignes.

Dutertre, Louis, tapissier, angle des rues Voltaire et Saint-Aubin, à Angers.

Papiers peints.

Fix, Ch., 72, faubourg Saint-Antoine, Paris.

Ameublements.

Gaignard, Pierre, 4, rue de Buffon, Angers.

Un panneau porte de buffet Renaissance.

Georges, E., libraire-éditeur, rue de l'Oisellerie, 3, Angers.

Articles de bureau, bronze et ivoire, fantaisies d'art, objets de piété

Gérard, Gustave, sculpteur, rue des Carmes, 2, Angers.

Presse-papier en marbre.
Écritoire en bois de frêne.

Guémas, Joseph, serrurier, boulevard de Strasbourg, 145, Angers.

Garniture de cheminée fer forgé, comprenant : chenêts, porte-pelle et pincettes et accessoires.

Guéry, Joseph, constructeur acétyléniste, à Châtillon-sur-Sèvre (Deux-Sèvres).

Appareils à acétylène.

Guillotin, Antoine, 4, rue Duvêtre, à Angers.

Escalier circulaire à double rampe avec son plan encadré.

Hervé, L., 25, rue de Brissac, à Angers.

Une salle à manger composée de : un buffet, une table, deux chaises.

Hogrel, J., peintre verrier, 2, rue Guérin, Angers.

Un vitrail style Henri II.

Houdebine, Alphonse, marbrier, place Saint-Maurice, 4, Angers.

Cheminées marbre.

Hunault, entrepreneur, 1, rue Colbert, Nantes.

Châssis de couvertures en tôle galvanisée ou en zinc « Le Courant d'air », appareil breveté.

Huré, papiers peints, rue Saint-Blaise, Angers.

Papiers peints.

Jauneau, 4, rue Hoche, à Angers.

Générateurs d'acétylène et accessoires. — Installation de soudure autogène des métaux par le chalumeau oxyacétylénique fonctionnant.

Joubert, E., 26, rue d'Alsace, à Angers.

Faïences, porcelaines, cristaux.
Objets d'arts et fantaisie artistiques.
Services de table, à thé et à café.

Lambert, Baptiste, sculpteur, boulevard Fisson, au Lude (Sarthe).

Un cadre Louis XVI.
Trois panneaux : « Les Arts réunis ».
Deux panneaux : « Fleurs et fruits ».
Un coffret Louis XVI.

Leboucher, Eug., rue de Bel-Air, 42, Angers.

Deux panneaux décoratifs (fleurs).
Maquettes de panneaux décoratifs.

Letourneux, Edmond, peintre, rue Saint-Léonard, 257, Angers.

Un panneau Renaissance sur toile.

Ledoux (Mlle), place Loricard ,3, Angers.

Un tapis.

Lorin père, 23, rue du Port-Ligny, Angers.

La façade de la cathédrale d'Angers en ardoises, comprenant 97 morceaux.
Un lustre 8 bougies en ardoises, comprenant 900 morceaux.

Maisonneuve, Désiré, mosaïste, 80, rue Dalon, à Bordeaux,

Portraits mosaïque d'art.
Panneaux décoratifs.

Martin, Alfred, 18, boulevard de Laval, Angers.

Quatre panneaux plâtre.

Mondain et Le Guennec, directeurs du Palais des Marchands, à Angers.

Ameublement (Salon, salle à manger, chambre à coucher).

Morin, Édouard, entrepreneur de menuiserie, avenue Besnardière, à Angers.

Chalet hygiénique.

Normand, Jean, fabricant de poteries, à Saint-Amand (Nièvre).

Poteries en grès.

Nouvelles Galeries, rue d'Alsace, Angers.

Une table de 12 couverts dressée.

Nouvelles Galeries, rue d'Alsace, Angers.

Ameublements. Articles de Paris.

Pascaut, Edmond, tapissier, 25 bis, rue Croix-de-Seguey, Bordeaux.

Dessins d'ameublements décoratifs.

Pascaut, Fernand, tapissier, rue Croix-de-Seguey, 25 bis, à Bordeaux.

Objets de tapisserie fantaisie.

Pasquier, Henri, ébéniste, place Ayrault, 5, Angers.

Un buffet.
Une table Louis XV.
Un pupitre à musique.

Pinot, Rozier et Cie, dépositaires : MM. Lemanceau et Daveau, 12, rue Bodinier, à Angers.

Coffres-forts Fichet.

Placet, René, rue des Tonneliers, 12, Angers.

Un panneau vitrail Louis XIV.

Poupeau, Achille, rue de la Madeleine, 98, Angers.

Lustres, pendule, étagère, etc., en bois sculpté.

Raimbault, François, rue Choudieu, 3, à Angers.

Tournage sur bois, sur pierre, découpage, moulures droites et cintrées, cannelures.

Boules de fort.

Rouger, Camille, 118, rue Bressigny, Angers.

Appareils d'éclairage, chauffage par essence, alcool, pétrole.

Rousseau, A., peintre-verrier, 15, rue Béclard, à Angers.

Une fenêtre vitrail artistique Louis XV, pour salon.

Saint-Martin (Philippe de), 14, rue des Lices, Angers.

Glaces et verres des manufactures françaises de Saint-Gobain, Amélie, La Chapelle, Réquignies, Jeumont, Chauny et Cirey.

Société des Cheminées « Silbermann », 27, rue de Richelieu, Paris.

Appareils de chauffage dits : « Cheminées Silbermann ».

Société Générale d'éclairage rural, à Aubigné (Sarthe).

Installation d'éclairage à l'acétylène.

Thibault, Victor, 20, rue de Jérusalem, à Angers.

Une garniture de cheminée incrustations de cristaux de roche dans ciment.

Vaslin, Augustin, ébéniste, 20, rue de la Chalouère, Angers.

Un bureau Louis XVI, acajou et bronze.

GROUPE XIII

FILS, TISSUS, VÊTEMENTS

Aram-Armenian, 82, rue de Rivoli, Paris.

Robes.

Attansart *(Comtesse d')*, directrice de l'Atelier-ouvroir d'arts indigènes, 4, rue de Toulon, à Alger.

Dentelles et broderies indigènes.

Bas (Claudius) **et Cie**, 77, rue de l'Abondance, à Lyon *(Rhône)*.

Chemises fantaisie.

Bazin, A., 43, rue Boisnet, Angers.

Broderies et dentelles (fabrication de Chemillé).

Bazin, A., 43, rue Boisnet, à Angers.

Soieries, dentelles, broderies, rubans, galons pailletés, modes (articles de vente de sa maison de détail « Au très bon marché », 26, rue Lenepveu).

Blond, Henri, cordonnier, 21, rue Bressigny, à Angers.

Chaussures.

Boucher, Louis, sabotier, boulevard Carnot, 26, à Angers.

Sabots bois hêtre, hommes.

Sabots ormeau, garçons et enfants.

Mules bois sculpté.

Chaize frères, à Bellevue, La Digonnière, à Saint-Étienne (Loire).

Lisses textiles métalliques et accessoires pour métiers à tisser.

Chalumeau, L. (Mme), 33, rue du Mail, Angers.

Spécimens de travaux manuels de stopage.

Cuisinier, E., 12, rue Chaperonnière, Angers.

Chaussures de luxe.

Fétis-Monnier, chaussures, 2, place Sainte-Croix, Angers.

Chaussures.

Forget-Roux, rue Voltaire, 15, Angers.

Robes, manteaux, blouses, corsets, lingerie et tous articles confectionnés pour dames. Lainages, soieries, indiennes, ombrelles.

Galodé, Auguste, 24, rue des Lices, Angers.

Chaussures.

Gaudron, Henry, 10, rue de la Paille, Le Mans.

Galoches en tous genres.

Godin, A., rue Plantagenet, 77, Angers.

Bonneterie, chemiserie, chemisettes.

Laurenceau, J., rue de la Roë, 22, Angers.

Vêtements pour hommes et enfants.

Lebreton, Paul, chaussures, Loudun (Vienne).

Chaussures.

L'Huillier, Henri, 37, rue des Boulets, Paris.

Bobines et cannettes. — Teinture et blanchiment.

Malecot, E., 138, rue de l'Étenduère, Angers.

Formes et embauchoirs.

Mondain et Le Guennec, au Palais des Marchands, Angers.
Robes, manteaux, costumes pour dames

Mousson, CHARLES, ouvrier cordonnier, 10, rue Boreau, à Angers.
Chaussures.

Neveu, CH., rue Baudrière, Angers.
Machines à coudre.

Pinguet, HENRI, chaussures, 24, rue d'Alsace, Angers.
Chaussures sur mesure.

Pinot, GEORGES, cordonnier, rue Bodinier, 27, à Angers.
Chaussures.

Quitterie, L., place Louis-Desmoulins, à Tours (Indre-et-Loire).
Passementerie pour ameublements.

Rivière, JOSEPH, boulevard Ayrault, 12, Angers.
Patronage pour chaussures.
Tiges piquées.
Chaussures faites.

Roturo, JOSEPH, à Bessé-sur-Braye (Sarthe).
Montures de parapluies fabriqués depuis 150 ans.

Société coopérative de Cordonnerie des Bords de la Loire, 18, boulevard Henri-Arnault, Angers.
Chaussures de luxe.

Syndicat de l'Aiguille, 4, rue Grandet, Angers.
Chemisettes.

Verger, tailleur, rue des Lices, 33, Angers.
Jaquette longue de dame, genre Louis XV.

Viel, FÉLIX, 77, rue de la Chalouère, Angers.
Toiles et vêtements confectionnés imperméables.

GROUPE XIV

INDUSTRIE CHIMIQUE

Berthier et Cie, artificiers, à Monteux (Vaucluse).
Feu d'artifices.

Carré, Paul, incombustibilité Carré, 139, rue Lafayette, à Paris.
Grenades « Labbé ».
Extincteurs « Excelsior ».

Courtois, Paul, 44, avenue de Paris, à Villejuif (Seine.)
Produits dérivés de la houille.

Divai (Docteur A.), 26, boulevard de Saumur, Angers.
« Curondol ».

François-Mang, Louis, 31, rue de Châteaubriant, à Nantes.
Extraits Javel.
Encaustique à parquets.
Lessives diverses.

Frémondière, E., 11, rue de Launay, Nantes.
Produits œnologiques pour le traitement des vins.

Giron, Louis, 3, place du Pélican, Angers.
Couleurs, vernis, huiles minérales, graisses, brosseries, étiquettes.

Hayer-Perrot, A., industriel, 48, rue Châteauneuf, Châtellerault (Vienne).

Cires à parquets, brillants et encaustiques pour l'entretien des meubles et parquets.

Hoffmann, A., Savonnerie des Chartreux, au Petit-Quévilly (Seine-Inférieure).

Spécialités de savons pour le commerce et l'industrie.

Khiat, Isaïe, 17, rue du Pont-d'Yvry, à Alfortville (Seine).

Savons mous noirs de toutes les qualités.

Lefebvre, D., pharmacien, 35 rue Verte, à Rouen.

Thé purgatif « Idéal ».

Levieux, Jean, herboriste, 9, rue de l'Oisellerie, à Angers.

Produits d'herboristerie ; bandages et accessoires d'hygiène.

Produits divers pour la chevelure, etc.

Mayaudon, Édouard, 230, avenue Thiers, La Bastide-Bordeaux.

Parfums J. Daver. — Savons. — Dentifrices.

Picot, J., lessive « Phénix », 41, rue de l'Échiquier, à Paris.

Lessive « Phénix », produit solide servant au blanchissage du linge et à tous les lavages en général.

Poitevin, D., parfumeur, 31, boulevard Victor-Hugo, Nantes.

Parfumerie à l'Estradja d'Arabie.

Parfum arabe.

Richomme, A., cuirs en gros, rue Daillé, 7, à Saumur (Maine-et-Loire).

Articles de sellerie.

Rochard, ÉMILE, pharmacien, rue du Marché-Noir, Bagneux-Saumur (Maine-et-Loire).

Pommade de « La Baronnie ».
Solution capillaire de « La Baronnie ».
Brises d'œillets des dunes du Pouliguen.

Ruggiéri, artificier, 11, rue Lapérouse, Nantes.

Feu d'artifices.

Savonneries réunies, 8 et 10, rue Hoche, Pantin (Seine).

« Le Sodex ».

Société française de la Grenade Harden, 53, rue des Mathurins, Paris.

« Grenade Harden ».

Société « Le Vitralin », 155, rue du faubourg Saint-Denis, Paris.

« La Basaltine ».

Sourdès, AUGUSTIN, pharmacien de 1re classe, 40, Grande-Rue, et 67, rue de la Rampe, à Brest.

Hématogène royal et sphères hématogènes du docteur Hoffer. — Eurhéol Sourdès. — Diurétol Sourdès. — Gastraline Sourdès. — Lotion Gallia. — Lotion Velléda. — Sirop Canadien. — Sirop des Anges.

Talvande frères et Douault, 41, quai de la Fosse, Nantes.

Savons, tourteaux, huiles à fabrique, glycérine.

Teyssèdre frères, pharmaciens, 50, rue Terre-Nègre, Bordeaux.

Produits Louis Teyssèdre.

Thibeault-Leroux, A., quai des Augustins, 34, à Orléans (Loiret).

Vernis à l'alcool.

Thuau, Adolphe, pharmacien, 22, faubourg Saint-Michel, à Angers.

« Réparateur Thuau ».

Produits pharmaceutiques.

Tremblier, J., pharmacien, à Brissac (Maine-et-Loire).

Provende américaine (poudre tonique et réparatrice concentrée pour tous animaux domestiques).

Troussereau, O., pharmacien, rue de la Regratterie, 28, Poitiers (Vienne).

Poudre Alba.

Topique Rex.

Thé Noële.

GROUPE XV

INDUSTRIES DIVERSES

Abrivard, maroquinerie, 33, rue des Lices, Angers.

Malles. — Articles de voyage et maroquinerie. — Voitures d'enfants.

Arens, A., 41, Marché-au-Lait, Anvers.

Cuivres martelés et repoussés.

Aversenq, H., 32 et 34, rue des Petites-Écuries, Paris.

Cuivres artistiques.

Avril, Henri, ouvrier coiffeur, rue Beaurepaire, 12, Angers.

Un tableau en cheveux (Président Fallières).

Chiron, Louis, ouvrier coutelier, quai Ligny, 37 bis, Angers.

Deux couteaux à plusieurs pièces
Un sécateur de jardinage.

Durand, F., rue Maillé, 45, Angers.

Articles de voyage.

Gourdin, Lucien, fabricant d'horloges publiques, à Mazet (Sarthe).

Horloges publiques et accessoires.

Hennig, Ch., 49, rue de Turenne, Paris.

Bijoux argent.

Koustari Russes, 11, avenue de l'Opéra, à Paris.
Objets en bois artistiques et jouets.

Lagrange, Paul, 198, rue de la Roquette, Paris.
Fleurs et couronnes mortuaires en celluloïd.

Nouvelles Galeries, rue d'Alsace, Angers.
Articles de Paris.

Tailleur, L., 119, rue de Turenne, Paris.
Bijoux or.

Williaume et Chauvineau, boulevard du Grand-Cerf, 42, Poitiers (Vienne).
Balais en paille de Sorgho.

GROUPE XVI

ÉCONOMIE SOCIALE, HYGIÈNE ASSISTANCE PUBLIQUE

Aide mutuelle des Comptables et employés du département de la Loire-Inférieure, 32, rue de la Fosse, à Nantes (Loire-Inférieure).

Statuts, règlements et graphique.

Association amicale des Employés des Nouvelles Galeries d'Angers, 4, rue Buffon, Angers.

Un tableau des membres de la Société.
Un règlement.
Un historique.

Association des Employés de la Ville d'Angers.

Opérations de la Société.

Association fraternelle des Employés de la Maison Lucas et Underberg frères, rue de la Moutonnerie, 8, Nantes.

Un tableau graphique de la Société de secours mutuels et de retraites.

Bamas, LÉON, 8, rue de Paris, à Laval (Mayenne).

Un hamac pour malades et blessés.

Bouvier, CASIMIR, rue Saint-Maurille, 4, à Angers.

Appareils sanitaires adaptés à une fosse septique dans un chalet de nécessité

Caisse d'Epargne et de Prévoyance d'Angers, rue Grandet, à Angers.

Un cadre graphique.

Un volume renfermant les rapports de la Caisse d'Épargne de 1878 à 1899.

Un volume renfermant le tableau synoptique des opérations faites de 1835 à 1899.

Un volume notice.

Carré fils aîné, 13, rue de la Boëtie, Paris.

Un réservoir à air comprimé pour l'élévation de l'eau à toutes les hauteurs, pompes à bras et filtres, stérilisateurs.

Cayla, Frédéric, docteur en médecine, 55, rue Sauteyron, à Bordeaux.

Un lit mécanique dit « Lit mécanique du docteur F. Cayla ».

Christophle, J.-P., président de la 369e Société de secours mutuels, 61, chemin de Gerland, à Lyon.

Un tableau de la marche de la Société.

Colonisation Française, 14, rue d'Iéna, Angers.

Un tableau : « La Colonisation française ».

Colzy, Gustave, 11, rue Voltaire, à Angers.

Appareil spécial pour malades et accessoires.

Compagnie d'assurances « La Prévoyante », 3, rue d'Hauteville, à Paris.

Tableaux, programmes et statuts.

Compagnie Fermière de Vichy-Etat, boulevard des Capucines, 28, Paris.

Eaux minérales naturelles françaises et étrangères.

Delhomme, A., corderie et filature, à Paimbœuf (Loire-Inférieure).

Œuvres mutuelles aux corderies et filatures A. Delhomme.

Derouet, René-Louis, rue Bardoul, 31, Angers.

Couronnes de perles faites par un aveugle.

Désailloud, Ed., 16, passage du Buisson-Saint-Louis, Paris.

Produits spéciaux parfumés pour le bain.
Savons légers flottants.

Dispensaire des Sociétés de secours mutuels, rue Bodinier, 29, à Angers.

Un tableau contenant l'historique et la statistique de l'œuvre.

Fédération des Syndicats professionnels de Maine-et-Loire, 9, rue du Quinconce, Angers.

Un plan d'habitations ouvrières.
Un tableau comprenant la nomenclature des œuvres.
Une monographie écrite de l'œuvre.

Fédération mutuelle de l'Usine et de l'Atelier, 100 bis, rue Saint-Jacques, à Angers.

Sociétés diverses fonctionnant sous son patronage.
Compte rendu des résultats obtenus.

Fulachier, A., directeur de la Société anonyme des Meilleures de Vals (Ardèche).

Eaux minérales, Vals Béatrix, Vichy-Généreuse et Bussang.

Marix (Armand) **et Cie**, 9, boulevard des Italiens, Paris.

Appareils portatifs « Atom », nettoyage par le vide.

Maugrain (veuve), rue Chaperonnière, 4, Angers.

Salle de bains.

Hydrothérapie.

Mutualité prévoyante des voyageurs et représentants de commerce d'Angers et du département de Maine-et-Loire, 11, quai Ligny, à Angers.

Tableau récapitulatif des opérations de la Société.

Mutuelle de France et des Colonies, 1, rue d'Alsace, Angers.

Assurances sur la vie.

Orphelinat des Prévoyants de l'Avenir, 26, boulevard Sébastopol Paris.

Statistique de l'Orphelinat des Prévoyants de l'Avenir.

Patronage Saint-Vincent-de-Paul, boulevard de Nantes, à Angers.

Un rapport sur l'œuvre du patronage.

Dossier de documents.

Un tableau de photographies.

Picon et Cie, 4 à 7, rue Serr, à Bordeaux (Gironde).

Tableau de la Société de secours mutuels.

Prévoyants de l'Avenir, cour des Cordeliers, à Angers.

Un tableau de la Société civile de retraite.

Richard, 14. rue François-Miron, Paris.

Trésor de l'Enfance.

Romanet, E., président de l'Assistance par le Travail, 3, rue Parmentier, à Grenoble (Isère).

Brochures destinées à faire connaître l'œuvre, pour susciter dans d'autres villes l'idée d'une semblable institution.

Ruche (La), place des Halles, Angers.

Un tableau indiquant les opérations de la Société.

Société anonyme coopérative d'Habitations à bon marché, 8, rue de la Moutonnière, à Nantes.

Un tableau, plans de constructions salubres à bon marché.

Société de secours mutuels « Les Angevins à Paris », 150, boulevard de Grenelle, à Paris.

Documents concernant la Société.

Société de secours « La Paternelle », 10, rue Millet, à Angers.

Règlement, compte rendu et opérations de la Société.

Société de secours mutuels des Dames et Demoiselles d'Angers, 45, rue Plantagenet, à Angers.

Un tableau indiquant les opérations de la Société.

Société de secours mutuels des Couvreurs, Charpentiers et Plâtriers, 38, rue Bressigny, à Angers

Un tableau indiquant les opérations de la Société.

Société de secours mutuels et de retraites des Patronages de Maine-et-Loire, 3, rue Rabelais, à Angers.

Un tableau graphique des statistiques annuelles.

Société générale d'Epuration et d'Assainissement, 23, rue de Châteaudun, Paris.

Appareils pour fosses septiques et fosse septique.

Société Mutuelle Française. 77, rue de l'Hôtel de Ville, **à** Lyon (Rhône)

Institution de prévoyance.
Mutualité.
Assurances.

Syndicat d'Initiative de l'Anjou, 10, place de la Gare, à Angers.

Statuts, bulletin trimestriel et carte-album publiés par le Syndicat.

Union Générale des Sociétés de secours mutuels de Maine-et-Loire (Caisse de réassurance, 10, rue Millet, Angers).

Opérations morale et financière de la Société mutualiste.

Union Mutualiste, 10, rue Saint-Aubin, Angers.

Documents mutualistes.

GROUPE XVII

COLONISATION

Thiam, JEAN, bijoutier de Gorée (Sénégal).

Une paire bracelets or.

Ibraim N'Diaye, **Demba Gueye**, **Abdou Salam**, **Amadou Niang**, bijoutiers de Gorée (Sénégal).

Bijouterie or, argent et fantaisie.

Ka Alioune, marabout de Gorée (Sénégal).

Livres et écritures.

Guethe N'Diaye, tisserand, de Gorée (Sénégal).

Un pagne.

Amadou-Cassé, deuxième tisserand de Gorée (Sénégal).

Un pagne.

Demba Soumari, tisserand, de Saint-Louis (Sénégal).

Un pagne.

Mathar N'Diaye, chef tam-tam de Dakar (Sénégal).

Un grand tam-tam.

Ma M'Baye, deuxième tam-tam de Thiès (Sénégal).

Un tam-tam.

...k Sène, troisième tām-tam de Dakar (Sénégal).
Un tam-tam.

Aliou M'Bothe, tam-tam toucouleur, de Dakar (Sénégal)
Un grand tam-tam.

Abou Sow, sculpteur, de Dakar (Sénégal).
Une petite pirogue.
Une cruche.
Deux cuillers en bois.
Un taperka.
Deux maillets pour repasser le linge.

M'Baye Guilet, sculpteur, de Pire-Goureye (Sénégal).
Un homme et une femme en bois.

Laba-Sow, sculpteur, de Dakar (Sénégal).
Un pilon.
Un mortier.

Momadou Talle, cordonnier, de N'Danda (Sénégal).
Une paire de chaussures.

Discounda Gueye, chef musicien, de Dakar (Sénégal).
Un cora.

Momar N'Diaye, dessinateur, de Saint-Louis (Sénégal)
Deux tableaux.

Ilimane Diagne, pêcheur, de Dakar (Sénégal).
Un filet fait à la main.

Mamadou, tailleur, de Dakar (Sénégal).
Deux M'Boubous.

Baye N'Doubé Guéye, sculpteur, de Dakar (Sénégal).
Une calebasse incrustée.

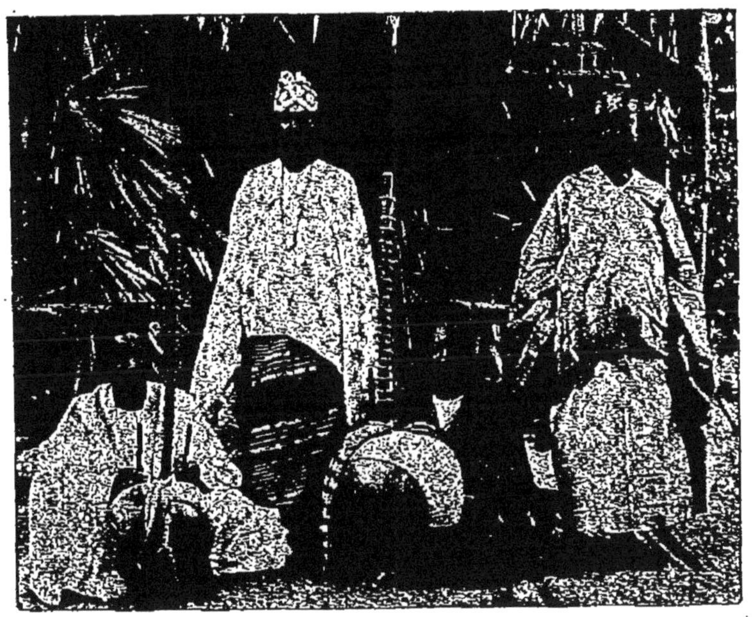

Une Famille de Musiciens

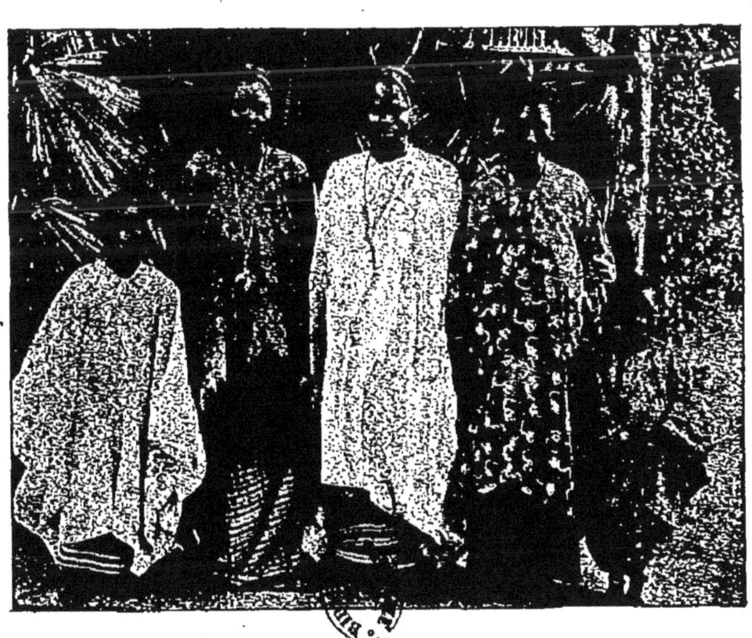

Jeunes Filles Sénégalaises

Au Village Noir

Thiaw Thiaw, pêcheur, de Dakar (Sénégal).
Un filet fait à la main.

Médoune Sène, sculpteur, de Dakar (Sénégal).
Une callebasse incrustée.

Abdoulaye M'Boye, vannier, de Rufisque (Sénégal).
Deux corbeilles en feuilles de rôniers.

Dhibrile Gueye, pêcheur, de Dakar (Sénégal).
Un filet fait à la main.

Angers, imp. Germain et G. Grassin. — 1559-6.

www.ingramcontent.com/pod-product-compliance
Ingram Content Group UK Ltd.
Pitfield, Milton Keynes, MK11 3LW, UK
UKHW021117220726
13924UKWH00004B/1758

9 782019 921040